Liebe Leserin, lieber Leser,

mit diesem Buch haben Sie einen guten Griff getan! Denn egal, was Sie vorhaben – ob Sie modernisieren oder verschönern, ob Sie reparieren oder ein eigenes Möbelstück bauen möchten –, jetzt kann nichts mehr schiefgehen. Die Fachautoren von Europas auflagenstärkstem Do-it-yourself-Magazin „SelberMachen" präsentieren Ihnen Heimwerken auf dem neuesten Stand. Schritt für Schritt werden sämtliche Handgriffe und kleinen Tricks erklärt. Alles, was wir Ihnen hier zeigen, ist vielfach und ausführlich in den Werkstätten von „SelberMachen" getestet und erprobt worden. Wir wünschen Ihnen viel Freude und Erfolg bei all Ihren Selbermacher-Plänen!

Peter-Michael Stange

Küche renovieren und einbauen

rororo selber machen

rororo selbermachen
herausgegeben von Wolf Dietrich Laatzen

Die Reihe rororo selbermachen wird produziert von
der Redaktion der Zeitschrift SelberMachen,
Jahreszeiten-Verlag, Hamburg

*Autor und Verlag bedanken sich bei
den Firmen BLANCO, BOSCH, HEBEL,
IKEA, OSRAM und WESTAG & GETALIT, die
Fotos und fachlichen Rat beigesteuert
haben, für die freundliche Unterstützung
bei der Entstehung dieses Buchs.*

*Originalausgabe
Veröffentlicht im Rowohlt Taschenbuch Verlag GmbH,
Reinbek bei Hamburg, April 1997*

*Layout Simone Sander
Umschlaggestaltung Walter Hellmann
(Foto Petra Stange)
Lithographie Grafische Werkstatt
Christian Kreher, Hoisdorf
Satz PostScript Sabon und Frutiger auf
Apple Macintosh, QuarkXPress 3.31
Gesamtherstellung Clausen & Bosse, Leck
Printed in Germany
1990-ISBN 3 499 60307 1*

Inhalt

Schöne Küchen *Die Küche als Treffpunkt der Familie* 6

Küchenplanung *Lage, Größe und Aufgaben der Küche* 12

Planungshilfen *Standardmaße, Arbeitsabläufe und Installationen* 16

Gerätekunde *Großgeräte in der Küche* 22

Das Naßzentrum *Spülen und Armaturen am Naßarbeitsplatz* 28

Wasseranschlüsse *Geschirrspüler und Waschmaschinenarmaturen* 34

Licht in der Küche *Das richtige Arbeitslicht* 38

Materialkunde *Dieses Material bewährt sich in der Küche* 42

Küchenaufbau *Eine Küche mit drei Gesichtern* 46

Kleine Küche *Selbstgebaute Küche auf kleinstem Raum* 56

Standardelemente *Fertig gekauft und individuell eingerichtet* 62

Reihenhausküche *Mit Einbauten jeden Winkel genutzt* 68

Gemauerte Schränke *Die Küche aus Porenbeton* 74

Kleine Helfer *Praktische Dinge für die neue Küche selbst gebaut* 80

Schaufenster *Material und Dekore der Arbeitsplatten* 86

Küchenarbeitsplatte *Der Einbau einer neuen Arbeitsfläche* 90

Küchenrenovierung *Drei Lösungen für Schränke und Wände* 96

Regalbau *Ein selbstgebautes Regal für die Mikrowelle* 106

Stromverbrauch *Energie sparen mit modernen Elektrogeräten* 110

Nachbau *Das Original aus dem Anfang des Jahrhunderts* 114

Eßtisch und Durchreiche *Ein gemütlicher Eßplatz* 120

Register und Bildquellennachweis *126*

Die Küche wird wieder

zum Treffpunkt der Familie

Funktionalität und Wohnlichkeit müssen keine Gegensätze sein. Wie man beides miteinander vereinen kann, zeigen die Einrichtungen dieser selbst eingebauten Küchen.

Erinnerungen an die alten Küchenschränke werden wach. Das Fehlen des durchgehenden Sockels unter den Schränken läßt die Korpusse aus massivem, geöltem Kiefernholz leichter erscheinen. Der nostalgische Herd und die offenen Regale unterstreichen den wohnlichen Charakter des Küchenraums.

Das unregelmäßige Fliesenschild und die warmtonigen Küchenutensilien bringen Farbe in die Küche mit den weiß lackierten Fronten und verglasten Vitrinen.

Das Besondere an dieser weißen Küche sind die Holzelemente. Dadurch wird die eigentlich strenge Front der Schränke und Einbaugeräte unterbrochen.

Offene **Regale** als gestalterisches Element in

Ein interessantes Detail der Küche ist der gemauerte Kochplatz unter der Esse. Hell und leicht wirkt der Raum durch das Birkenholz der Schrankfronten und die offenen Regale.

Arbeitsteilung in der Küche. Wenn alle mit anfassen, ist die Kochinsel ein idealer, von allen Seiten zugänglicher Arbeitsplatz. Und das Frühstück schmeckt hier auch.

der wohnlichen Küche

Durch die umlaufende Lichtleiste über den Oberschränken erhält die Küche ein angenehmes Allgemeinlicht. Das warme Licht der Halogenstrahler betont den Holzton der Fronten.

Sommerlich hell präsentiert sich diese weiße Küche im nordischen Landhausstil. Verstärkt wird diese Wirkung durch die blaue Holzverkleidung der Wand.

Durch das selbstgebaute Holzregal wird der eher sachliche Eindruck der Küchenzeile aufgelockert. Der glänzende Edelstahlspritzschutz über der Arbeitsfläche steht im Kontrast zu den sägerauh belassenen weißen Wandpaneelen.

Durch einen integrierten **Eßplatz** erhält die

Alle Kochutensilien sind griffbereit in der Nähe des Herdes untergebracht. Der Platz über der Esse wurde mit offenen Holzregalen sinnvoll genutzt.

Küche eine neue Bedeutung.

Das Schild aus kleinformatigen, weißen Fliesen unterstreicht den rustikalen Charakter der Kiefernholzfronten. Die bunte Stuhlreihe am ausziehbaren Eßtisch bringt zusätzlich Farbe in die Küche.

Eine sachliche, kühle Wirkung wird mit dem kräftigen Blau und der Edelstahlverkleidung erzielt. Einen warmen Akzent setzen die rote Fläche und die Schrankseite.

Küchenplanung in einem

Die Küche ist der vielseitigste Raum des Hauses. Er kann zum beliebtesten werden, wenn er gut geplant und eingerichtet ist.

Beim Neubau eines Hauses sind die Voraussetzungen für die Küchenplanung ideal. Grundlegende Dinge können nur in dieser Phase beeinflußt werden. Voraussetzung für eine richtige Entscheidung ist allerdings, daß man sich darüber im klaren ist, was man von der Küche erwartet und welche Aufgaben die neue Küche zusätzlich erfüllen soll. Davon hängt auch ab, in welchem Teil des Hauses die Küche liegen wird, z. B. zum Garten oder zur Straße. Dabei ist die bisherige Situation zwar eine gute Basis für eine Planung, grundsätzlich lohnt sich aber in solch einem günstigen Fall das vollständig neue Überdenken. Die Planungshilfen (Seite 16–18) sind nur ein Anhaltspunkt für Ergonomie, Arbeitsabläufe und Standardmaße. Die Kataloge der Küchenhersteller zeigen die ganze Bandbreite der Möglichkeiten auf und können wertvolle Anregungen bieten.
Wird zum Beispiel der Eßbereich eingegliedert, scheint bei einer Lage nach Osten die Morgensonne auf den Frühstückstisch. Bei einer Westlage genießt die ganze Familie die Abendsonne bei der in den meisten Fällen einzigen gemeinsamen Mahlzeit des Tages. Überhaupt ist zu überlegen, wo die Mahlzeiten eingenommen werden, in der Küche, im separaten Eßzimmer oder im Wohnzimmer. Ist die Küche groß genug, kann das Eßzimmer integriert und durch geschickte Gestaltung optisch abgeteilt werden. Der kleine Eßplatz in der Küche ist auf jeden Fall sinnvoll, denn hier kann nicht nur ein Imbiß eingenommen, sondern auch die Mahlzeit im Sitzen vorbereitet werden. Außerdem erhält man einen zusätzlichen Arbeitsplatz mit einer Arbeitshöhe, die für einige Arbeiten günstiger ist als die normale Höhe der Küchenarbeitsfläche.
Die zum Wohnraum hin offene Küche ist nicht jedermanns Sache, obwohl durch die neuen Wrasenabzüge und Küchengeräte Lärm- und Geruchsbelästigung nicht mehr sein müssen. Eine Alternative ist das Eßzimmer im Übergangsbereich zum Wohnraum. Zumindest sollte man eine Durchreiche (Seite 117) einplanen, die die Arbeitswege von der Küche zum Eßbereich erheblich verkürzt.
Viele der Einkäufe, die ins Haus getragen werden, sind für die Küche bestimmt. Der nach Möglichkeit stufenlose Weg vom Parkplatz durch den Eingang in die Küche ist also nicht unwichtig. Wenn es die Möglichkeit gibt, Garage oder Carport durch einen überdachten Weg zu erreichen, kann man die Einkäufe trockenen Fußes in die Küche schaffen. Speisekammer und Hauswirtschaftsraum sollten in der Nähe der Küche liegen.
Im ländlichen Bereich werden die Häuser vielfach mit einem separaten Eingang vom Garten bzw. vom Hof in die Küche gebaut. Das hat seinen Grund natürlich in der Versorgung aus dem Garten. Vielleicht ist es möglich und sinnvoll, eine Terrassentür zum Garten einzuplanen. Bei einem vor der Küche liegenden Kräutergarten ist das besonders praktisch. Im Sommer kann bei offenstehender Tür auf der Terrasse das Gemüse geputzt werden, und beim Gartenfest stehen Grillwürstchen, Geschirr und Gläser griffbereit. Auch hat man die im Garten spielenden Kinder besser im Auge.

modernen Haushalt

Vom häuslichen Herd zur modernen Einbauküche

Kein Raum des Hauses hat seit dem Beginn unseres Jahrhunderts soviel Änderungen erfahren wie die Küche. Die technische Entwicklung und der Einsatz anderer Energien haben einen wesentlichen Anteil, aber auch die sozialen Veränderungen und die damit verbundene geänderte Lebensweise der Menschen haben ihren Teil dazu beigetragen.
Der Herd war gerade in unseren Breiten schon aus klimatischen Gründen Mittelpunkt des täglichen Lebens. Ein ständiges Beheizen der anderen Räume war zu teuer, zu umständlich und auch zu gefährlich. Als dann durch die neuen Energien Kohle, Erdöl, Gas und Elektrizität dieses Problem gelöst war, wurde der Wirtschaftsbereich von den Wohnräumen immer mehr getrennt. Durch den Einzug der Technik in die Küche wurde diese Entwicklung noch verstärkt. Um 1920 wurde in einer Frankfurter Wohnsiedlung erstmals die Idee verwirklicht, auch Familien mit geringem Einkommen und kleinen Wohnungen einen modernen Hausarbeitsraum zu ermöglichen, eine praktische, hygienische Küche, die die Arbeit der Hausfrau erleichtern sollte.
Heute können in einer modernen Einbauküche so verschiedene Tätigkeiten wie Vorbereiten und Kochen der Speisen, Lagern und Konservieren der Lebensmittel, Wäschewaschen und Trocknen verrichtet werden. Die Kommunikation kommt in diesen Räumen allerdings zu kurz. Das Familienleben findet außerhalb des Raumes statt, in dem die Hausfrau rund ein Drittel ihrer Zeit verbringt. Das wurde von vielen erkannt. Sicher wird nicht wieder auf offenem Feuer gekocht werden, aber die Kommunikation innerhalb der Familie wird wieder mehr in die Küchenplanung einbezogen. Viele Beispiele in diesem Buch zeigen diese Entwicklung.

Das Buchenholz der Arbeitsfläche und die rote Wand bringen einen warmen Ton in die Küche mit den grau lackierten Türen.

Schränke und offene Regale

Bei der Gestaltung der Küchen haben Selbermacher einen Vorteil: Schwierige Raumsituationen können sie durch Eigenbauten lösen. Beim Material haben sie auch die besseren Möglichkeiten, denn wo z. B. kann man eine Küche aus Porenbeton (Seite 74) kaufen? Beim Eigenbau ist man in der Lage, ungewöhnliche Werkstoffe einzusetzen und unkonventionelle Lösungen zu verwirklichen.
Einerseits soll die Küche nach wie vor ein funktionaler Raum sein, andererseits wird wieder mehr Wert auf eine wohnliche Gestaltung dieses vielgenutzten Bereiches gelegt. Die einst geschlossene Küchenfront lockert sich auf. Die Oberschränke decken nicht mehr die ganze Wand ab. Offene Regale, die einen raschen Zugriff auf Zutaten und Utensilien erlauben, unterbrechen die Schrankreihe mit den geschlossenen Türen. Die Arbeitsplatte ist nicht mehr obere Abdeckung einer durchgehenden Küchenzeile. Unterbrechungen bringen hier der frei stehende Hauklotz, fahrbare Einzelschränke als mobile Arbeitsfläche und Ablage. Wird das Essen häufig von mehreren Personen zubereitet, ist eine von allen Seiten zugängliche Kücheninsel der ideale Arbeitsplatz. Übrigens müssen in der Küche nicht nur Einbaumöbel stehen. Gerade der Übergang vom eigentlichen Arbeitsbereich zum Wohnbereich und der kleine Eßplatz in der Küche bieten sich für ungewöhnliche Lösungen an, z. B. ein nostalgischer Küchenschrank (Seite 114).
Nach wie vor sollten die Oberflächen in der Küche leicht zu reinigen und belastbar sein. Die Beanspruchung ist aber in den einzelnen Bereichen unterschiedlich. Für die Spüle, die ständiger Feuchtigkeit ausgesetzt ist, eignet sich Edelstahl besonders gut. Bei der Fleischzubereitung wird mit sehr scharfen Messern gearbeitet. Ein großes, verschiebbares Schneidebrett tut hier die besten Dienste. Um den Herd herum treten Wasserdampf und Fettspritzer auf, so daß auch die Wandfläche hinter der Kochstelle leicht zu reinigen sein muß. Es muß also nicht zwangsläufig die durchgehende, im Material einheitliche Arbeitsfläche sein. Und auch das umlaufende Fliesenschild ist nicht die einzige Lösung für die Wandverkleidung. Durch den Einsatz unterschiedlicher Materialien kann das Gesamtbild der Küche aufgelockert werden, ohne daß die Funktion leidet. Eine angenehme, wohnliche Atmosphäre ist ebenso wichtig wie Ergonomie und Pflegeleichtigkeit.

Planungshilfen

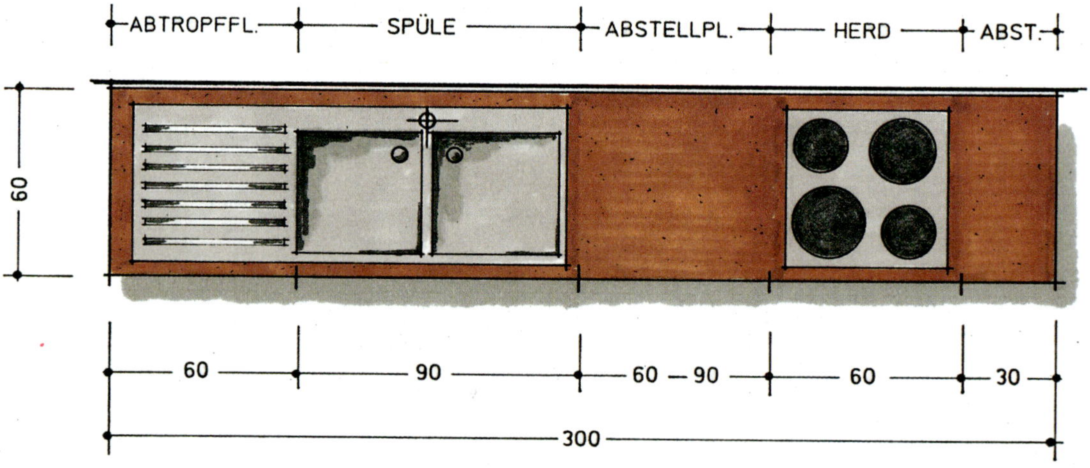

Die Installationszeile *ist gewissermaßen die Kommandozentrale der Küche. Die für Spüle und Herd benötigten Wasserzuläufe, Abwasserrohre, Elektro- oder Gasanschlüsse sowie Entlüftungsmöglichkeiten sind hier untergebracht. Für Rechtshänder hat sich folgende Reihenfolge von links nach rechts bewährt: Abtropf- oder Abstellfläche, Spüle, Arbeitsplatte, Herd und Abstellfläche. Insgesamt ergibt sich eine Installationszeile von ca. 3 m Länge. Ist die Installation nicht auf einer Wandfläche möglich, bietet sich eine Lösung übereck an. Durch die Anordnung in dieser Reihenfolge wird ein Übergreifen der Hände beim Arbeiten und unnötiges Hinundherlaufen in der Küche vermieden.*

für die Kücheneinrichtung

Die Küche ist der Hauptarbeitsplatz im Haus. Durch eine gute Planung kann die tägliche Arbeit wesentlich erleichtert werden.

Die beste Küche ist eine auf die individuellen Bedürfnisse der Bewohner zugeschnittene Küche, und diese Bedürfnisse sind ganz unterschiedlich. Jeder muß sich vor der Planung über seine Ansprüche an die neue Küche selber im klaren sein und diese Wünsche mit den räumlichen Gegebenheiten in Einklang bringen. Es gibt aber einige allgemeine Planungsgrundlagen, die sich in der Praxis bewährt haben, und Planungsfehler, die bei reiflicher Überlegung vermeidbar wären.

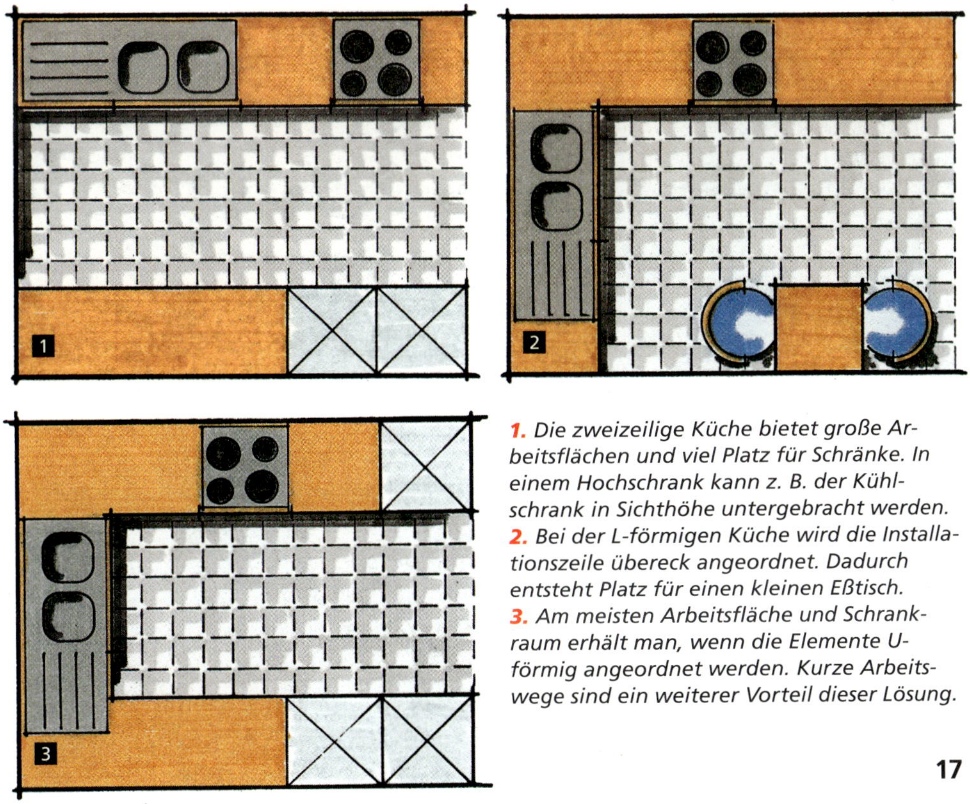

1. Die zweizeilige Küche bietet große Arbeitsflächen und viel Platz für Schränke. In einem Hochschrank kann z. B. der Kühlschrank in Sichthöhe untergebracht werden.
2. Bei der L-förmigen Küche wird die Installationszeile übereck angeordnet. Dadurch entsteht Platz für einen kleinen Eßtisch.
3. Am meisten Arbeitsfläche und Schrankraum erhält man, wenn die Elemente U-förmig angeordnet werden. Kurze Arbeitswege sind ein weiterer Vorteil dieser Lösung.

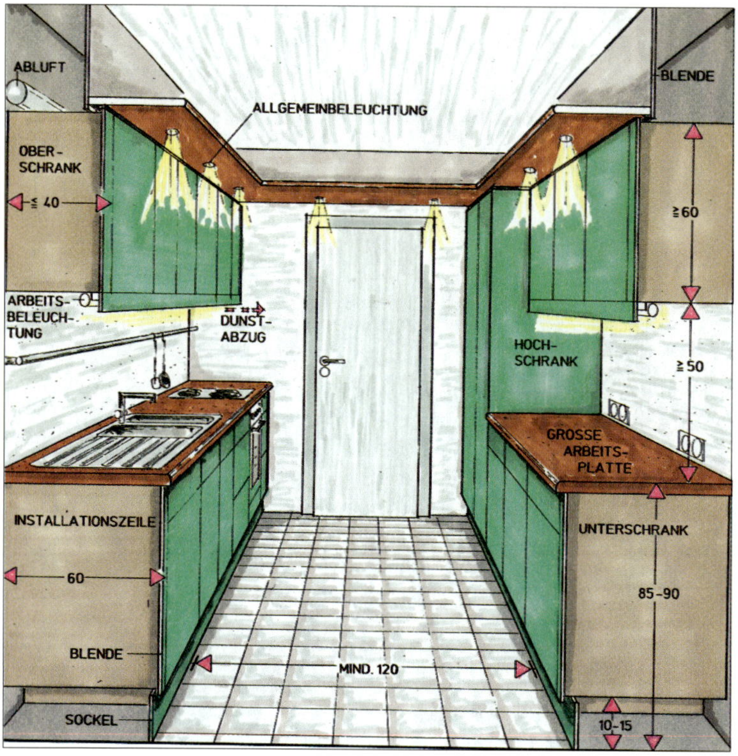

Schränke, Geräte und Arbeitsplatten gibt es in Standardmaßen, die bei der Planung aber viel Spielraum lassen. Die Maße dieser Zeichnung geben Anhaltspunkte für die Küchenplanung.

Die Standardmaße als Basis für die Planung der neuen Küche

Einkäufe einräumen, Speisen vorbereiten, kochen, servieren und endlich spülen: Der Arbeitsablauf in der Küche ist täglich der gleiche, ob im kleinen Haushalt oder in einer Großfamilie. Die richtige Planung dieser immer wiederkehrenden Tätigkeiten kann die Arbeit sehr erleichtern.
Am Anfang der Küchenplanung steht eine große Wunschliste, denn die neue Küche soll besser und funktioneller sein als die alte. Welche technischen Geräte sollen in der Küche aufgestellt werden? Wieviel Schrankraum wird für Küchengeräte und Geschirr gebraucht? Ist die Arbeitsfläche noch groß genug, wenn Hochschränke eingeplant werden? Wenn diese Fragen beantwortet sind, kann man einen Plan für eine neue Küche aufstellen. Bei der Installationszeile sollte man sich an die Empfehlungen für den Arbeitsablauf von rechts nach links halten. Über der Arbeitsfläche müssen ausreichend Steckdosen für Haushaltsgeräte eingeplant werden. Häufig benutzte Geräte wie Kaffeemaschine, Toaster und Mixer müssen einen festen Platz bekommen. Wo immer es geht, sollten statt normaler Unterschränke Schränke mit Auszügen und Schubladen eingebaut werden, die übersichtlicher sind und sich leichter beschicken lassen. Ein kleiner Eßplatz für die Zwischenmahlzeiten läßt sich vielleicht auch gewinnen.

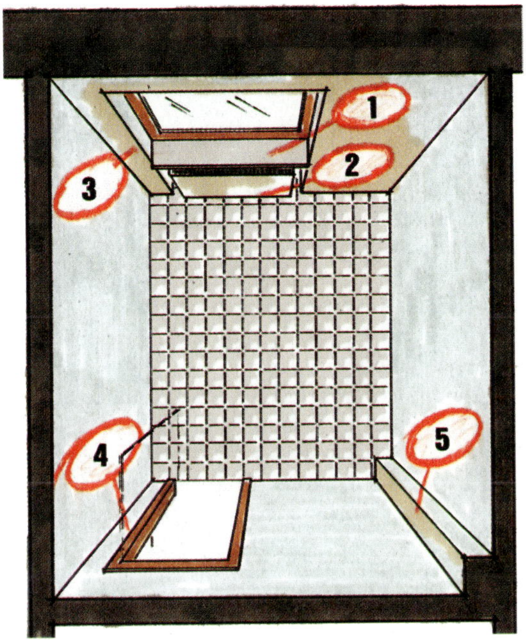

Diese Punkte sind wichtig. 1. Tiefe der Fensterbänke. 2. Vorsprung der Heizkörper. 3. Breite der Fensternische. 4. Stärke der Türrahmen. 5. Abmessungen der Lüftungs- und Schornsteinschächte.

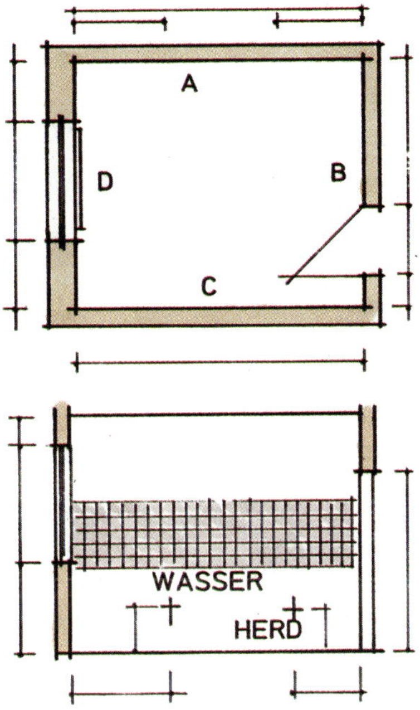

Die Grundrißzeichnung und die einzelnen Wandansichten werden im Maßstab 1:20 aufgezeichnet. Besonders wichtig ist der Wandablauf für die Installationszeile.

Was beim Ausmessen der Küche unbedingt zu beachten ist

Damit Fehler bereits in der Planungsphase ausgeschlossen werden können, sollte man bei der Zeichnung des Grundrisses und der Wandabläufe alles festhalten, was für den späteren Einbau der Geräte und Schränke wichtig ist und die Funktion der Küche beeinträchtigen könnte. Dazu zählen Dinge wie die Materialstärke der Türlaibung, Vorsprünge im Mauerwerk, in den Raum ragende Heizkörper und die Öffnung der Fensterflügel und Türen. Die Rechtwinkligkeit des Raums muß überprüft werden, bevor die Unterschränke aufgestellt und die Arbeitsflächen zugeschnitten werden. Die Länge der Wände wird am Fußboden und in Höhe der Oberschränke gemessen. Die Unterschiede können beträchtlich sein. Meistens sind die Anschlüsse für Spüle und Herd vorhanden. Will man in der neuen Küche eine andere Anordnung haben, ohne die Wand aufzuschlagen, kann man auf der Wand verlegte Rohre hinter den Unterschränken verstecken, die dann aber etwas vorgezogen werden müssen. Der dadurch entstehende Spalt wird mit einer breiteren Arbeitsfläche oder mit einem schmalen Regal für Gewürze, Gläser oder Tassen abgedeckt. Bei Fenster- und Türlaibungen plant man entsprechend starke Blenden ein, damit sich Schubladen und Schranktüren einwandfrei öffnen lassen.

Hier wurde ein Teil der Arbeitsfläche durch eine zusätzliche Schublade zu einem erhöhten Schneidebrett umfunktioniert.

Die Höhe der Arbeitsfläche

Die Einbauküche mit einer durchgehenden Arbeitsfläche ist inzwischen Standard bei der Kücheneinrichtung geworden. Sie ist sehr praktisch, und in kleinen Küchen bietet sie am meisten Arbeits- und Abstellfläche. Die richtige Höhe ist aber für bequemes Arbeiten entscheidend. Besonders beim Geschirrspülen werden bei zu niedriger Arbeitshöhe seitliche Bewegungen mit gekrümmten Rücken ausgeführt, was besonders schädlich ist. Bei einer Körpergröße von 1,65 m wird eine Höhe von 90 cm empfohlen, bei einer Größe von 1,80 sollte die Arbeitsfläche 95 cm hoch sein. Die Standardschränke sind mit den Füßen 86 cm hoch, zusammen mit der 4 cm starken Arbeitsplatte kommt man auf 90 cm Arbeitshöhe. Viele Hersteller bieten inzwischen höhere Sockel an, die den maßgerechten Einbau erleichtern. Statt der einfachen Sockelblenden können dann unter den Schränken Sockelschubladen untergebracht werden, die zusätzlichen Stauraum bieten. Speziell hierfür gibt es zum Beispiel zusammenklappbare Haushaltsleitern, die das Erreichen der oberen Schrankfächer erleichtern.
Aber nicht nur die Menschen sind unterschiedlich groß, sondern die verschiedenen Arbeiten in der Küche verlangen eigentlich auch unterschiedliche Arbeitshöhen. Bei schwerer Küchenarbeit wie Teigkneten ist eine niedrigere Arbeitshöhe vorteilhaft, weil dadurch zusätzliche Kraft mit dem Oberkörper aufgebracht werden kann. Beim Gemüseputzen muß man nahe an die Arbeit herangehen, hier ist eine höhere Arbeitsfläche angebracht. Ideal wäre eine in der Höhe verstellbare Arbeitsfläche in einem Bereich. Hier könnte die Arbeit dann auch im Sitzen ausgeführt werden. Das wird aus Platzgründen nicht immer möglich sein. Eine Lösung ist der kleine Eßtisch in der Küche, der stabil genug für das Teigkneten sein sollte. Ein erhöhtes Schneidebrett kann man durch den zusätzlichen Einbau einer Schublade am Ende des Arbeitsbereiches erhalten. Hier verschwinden die Bioabfälle auch gleich in der einfach zu reinigenden Kunststoffschublade. Eine sehr lange Küchenzeile kann durch so einen Höhenversprung auch noch optisch aufgelockert werden. Die Tiefe der Arbeitsplatte mit dem Standardmaß von 60 cm ist optimal. Muß aus besonderen Gründen eine tiefere Platte eingebaut werden, kann der hintere Bereich als Abstellfläche für Kleingeräte, Küchenutensilien und für die fertigen Speisen genutzt werden.

Arbeit und schont den Rücken.

Planungsfehler, die leicht zu vermeiden sind

Da man ja eine Küche nicht jeden Tag plant, kann es immer wieder zu kleinen Pannen kommen. Meistens entstehen diese Fehler, weil in der Grundrißzeichnung nicht alle Einzelheiten genau eingezeichnet wurden.

1. Hier schlägt die Kühlschranktür zur falschen Seite auf. Sie müßte nach links aufschlagen, um den Kühlraum besser überblicken zu können. Türanschläge sollten in der Planungsskizze genauso deutlich eingezeichnet werden wie die Schrankkorpusse, dann wäre dieser Fehler rechtzeitig bemerkt worden.

2. Schubladenelemente dürfen nie in die Ecke gesetzt werden. Sie lassen sich meistens durch hervorstehende Griffe und Schalter der nächsten Geräte und Schränke nicht öffnen und kollidieren mit anderen Möbelteilen.

3. Die Tür links läßt sich nicht ganz öffnen und wird durch das Anschlagen bald Druckstellen aufweisen. Die Stärke der Türlaibung wurde nicht berücksichtigt. Hier hätte eine Blende eingebaut werden müssen. Die Auszüge rechts lassen sich nicht betätigen, weil der Heizkörper nicht eingeplant war.

4. Etwas, das man auf der Zeichnung sehr leicht übersehen kann, wenn die Öffnung des Fensterflügels nicht vermerkt wird: Die Spülenarmatur ist zu hoch, das Fenster läßt sich nicht öffnen. Hier hilft nur noch eine Armatur mit Bajonettverschluß zum Kippen.

Und noch ein Fehler wird gern beim Aufmaß gemacht: Der Zollstock wird von der falschen Seite abgelesen. Bei einem Maß von 97 cm z. B. zeigt die falsche Seite 103 cm an, diese 6 cm fehlen dann. Also lieber zweimal messen und die Maße vergleichen.

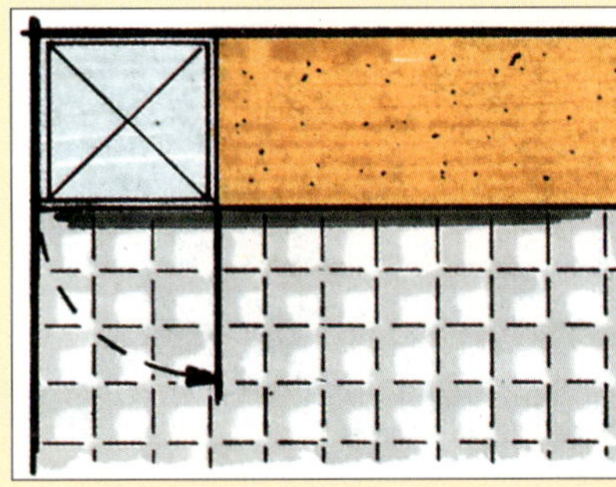
1

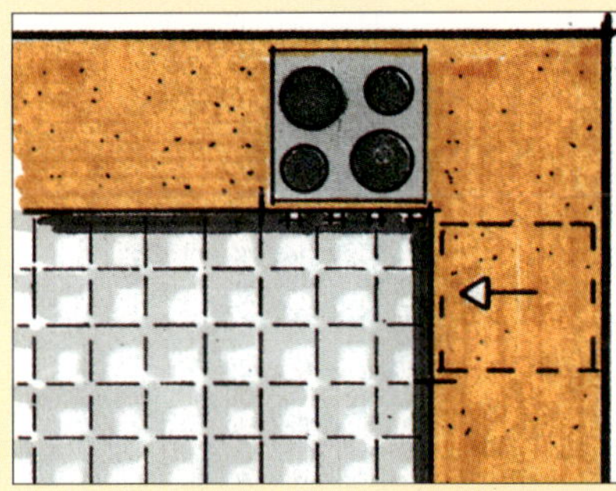
2

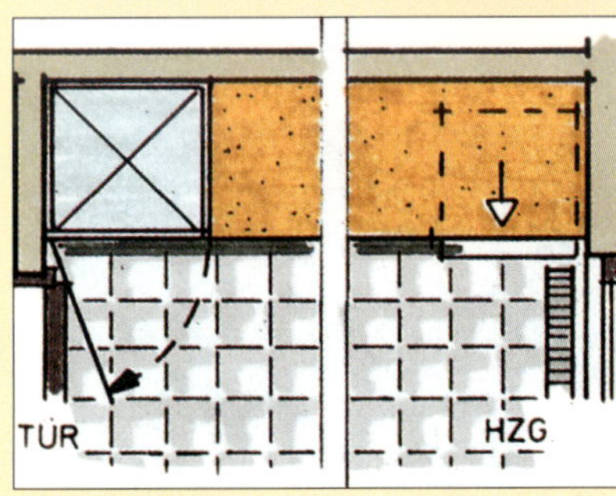

3

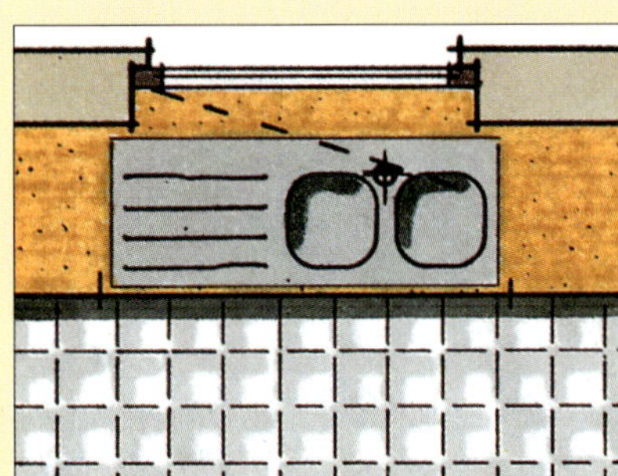
4

Großgeräte in der Küche:

1

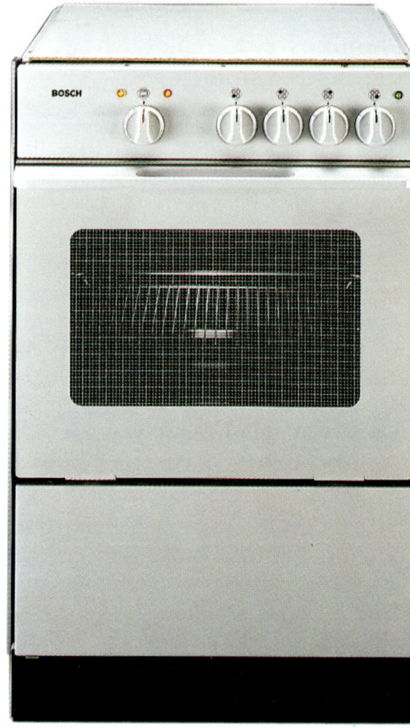

2

3

4

❶ Ein Standherd mit festmontierter Kochmulde. ❷ Unterbauherd, 50 cm schmal. Hierfür werden normale Kochmulden oder ein Glaskeramikkochfeld angeboten. ❸ Ein Einbauherd mit Schalterleiste für ein Kochfeld, das über dem Herd eingebaut wird. Es gibt auch Einbaubacköfen, die getrennt vom Kochfeld in Sichthöhe eingebaut werden können. ❹ Ein Einbaugasherd, ebenfalls für den Einbau unter dem Kochfeld.

kühlen – kochen – spülen

Moderne Hausgeräte erleichtern nicht nur die Arbeit, sie fügen sich auch unauffällig in die Einrichtung der Küchen ein.

Die Küche wird wieder zum wohnlichen Raum. Das wurde vor allem durch die neuen Hausgeräte möglich, die immer kompakter, leiser und formschöner wurden. Moderne Technik kann in einem wohnlichen Umfeld „versteckt" werden, ohne daß die Funktionalität der Geräte darunter leiden muß.
Welche Geräte in der Küchenplanung berücksichtigt werden, hängt von den räumlichen Möglichkeiten, den Bedürfnissen der Bewohner und den finanziellen Mitteln ab. Einbaugeräte reihen sich am unauffälligsten in die Schrankfronten ein, sie sind leider die teuerste Lösung. Mit Ausnahme der Herde erhalten sie die gleichen Türen wie die Küchenmöbel. Unter einer durchgehenden Arbeitsfläche verschwinden auch die unterbaufähigen Geräte, deren Türen mit einer Dekorplatte verkleidet werden können. Die einfachste Lösung sind Standgeräte mit Abdeckplatte, die im Anschluß an die Arbeitsfläche oder z. B. im Keller aufgestellt werden.

Die preiswerteste Lösung ist die einfache Edelstahl-Kochmulde mit vier Kochplatten. Sie kann mit Unterbau- oder Einbauherden kombiniert werden.

Die Gasflamme ist ohne Vorheizen verfügbar und schaltet ohne Nachheizen ab. Ein Gaskochfeld mit thermoelektrischer Zündsicherung.

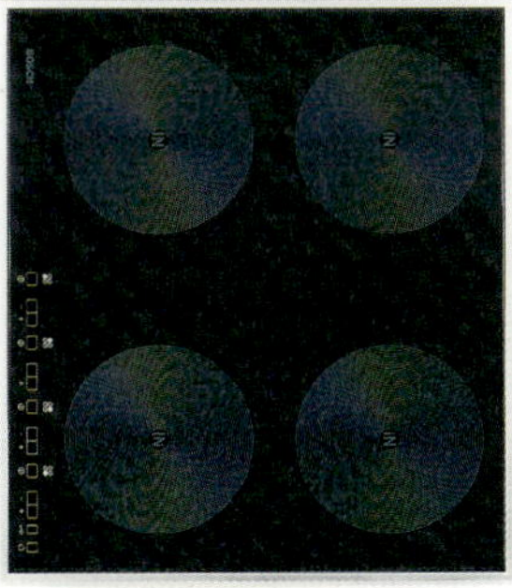

Kochfelder mit Induktion lassen sich ähnlich wie Gas sehr feinfühlig regeln. Sie erzeugen die Wärme direkt im Topfboden, die Kochzonen bleiben kühl.

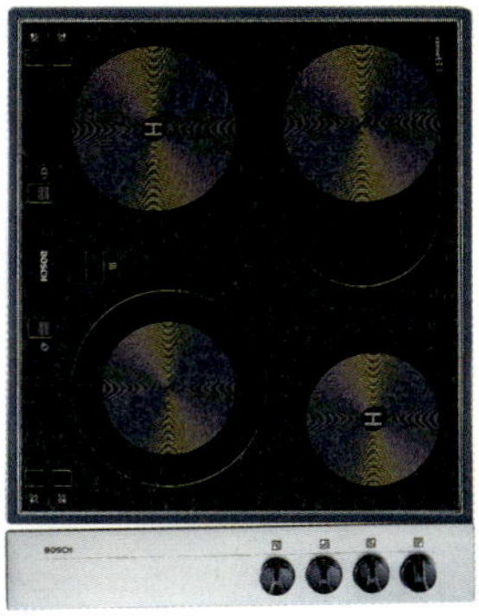

Halogenkochfeld mit Hochtemperaturstrahler, kurzer Ankochzeit und separatem Einbauschaltkasten, der im Unterschrank eingebaut wird.

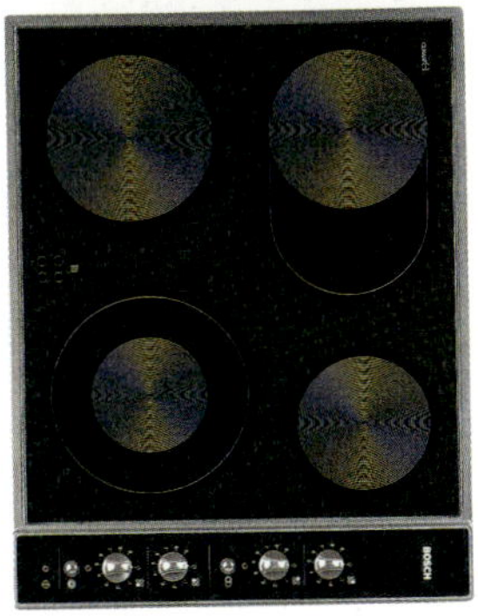

Kochfeld mit variablen Kochzonen und obenliegenden Schaltern, das unabhängig vom Backofen in die Arbeitsfläche eingelassen wird.

Die modernen **Kühlgeräte** sorgen für die

Backofen mit Mikrowelle – schonend und schnell garen

Während bei der konventionellen Zubereitung viel Energie verlorengeht, erhitzen die Mikrowellen die Speisen direkt in sehr kurzer Zeit.
Der kompakte Einbaubackofen bietet alles: Ober- und Unterhitze, Heißluft, Grill und Mikrowelle. Ideal für kleine Küchen, in die ein Mikrowellengerät nicht mehr gestellt werden könnte. Er kann unabhängig vom Kochplattenfeld in Sicht- und Greifhöhe z. B. in einem Hochschrank eingebaut werden und ist damit komfortabel zu bedienen.
Die untere Abbildung zeigt ein Mikrowellen-Standgerät mit Grill und Heißluft, das auf der Arbeitsfläche Platz findet oder mit einem separaten Einbaurahmen auch in die Schränke eingebaut werden kann.

1

2

3

4

Frisch halten und lagern

❶ Die Kühl-/Gefrierkombination ist für die Aufstellung in der Küche mit einer besonders starken Isolation versehen. Die Kühlzone liegt im Griffbereich über dem Gefrierraum und ist dadurch gut zu übersehen. ❷ Dieser unterbaufähige Gefrierschrank kann mit einer Dekorplatte versehen werden und paßt in der Küche in eine 60 cm breite Nische. ❸ Ein Tischkühlautomat mit Gefrierfach, der entweder frei oder unter der Arbeitsfläche aufgestellt werden kann. Die Arbeitsplatte kann abgenommen werden, die Einbauhöhe beträgt dann nur 82 cm. ❹ Der Standkühlautomat für die Großfamilie mit einem Nutzinhalt von 230 l und einem Tiefkühlfach. Die Tür hat einen austauschbaren Dekorrahmen. ❺ Dieser Kühlschrank mit Gefrierfach findet seinen Platz unter der Arbeitsplatte. Die Tür kann mit einer Dekorplatte ausgestattet werden. Sämtliche Kältegeräte arbeiten vollkommen FCKW-frei. Bei allen Kühlschränken ist die Innentüraufteilung sehr variabel und kann den Vorräten angepaßt werden.

5

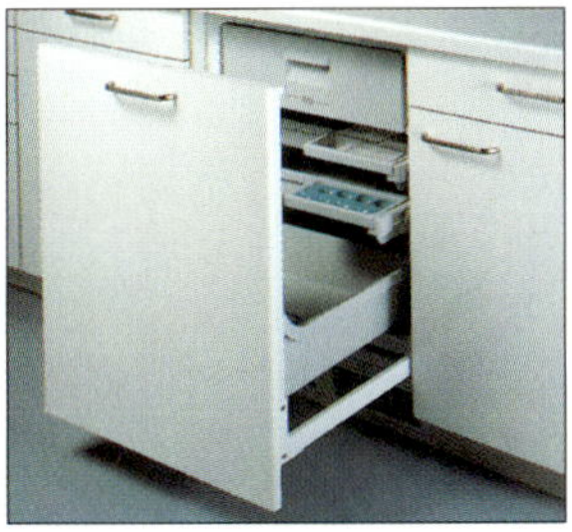

Eine Besonderheit ist dieser Kühlschrank mit Schubladen statt der üblichen Fächer. Drei große, variable Behälter lassen sich herausziehen.

1

Integriert in die Fronten der Einbauküche. Sogar die Bedienelemente sind durch die Küchenfront verdeckt. Die Drucktasten liegen waagerecht auf der oberen Türkante.

2

3

Sehr fleißig und sehr leise

Die modernen Geschirrspüler der Oberklasse sind so leise, daß man sie auch bedenkenlos bei offenen Küchen einplanen kann. Gerade hier sorgt der Geschirrspüler für eine aufgeräumte Küche. Außerdem spart man Zeit. Das Geschirr wird schonend gespült, für kleine Mengen gibt es Sparprogramme. Ein Wassersicherheitssystem schützt vor Überschwemmungen.
❶ Ein unterbaufähiger Geschirrspüler, der auch frei als Tischgerät aufgestellt werden kann. Für geringe Geschirrmengen wird nur der Oberkorb bestückt und auch nur dort gespült. Das spart Wasser und Strom.
❷ Dieses kompakte Gerät für den kleinen Haushalt findet überall seinen Platz, ob eingebaut im Hoch- oder Unterschrank oder frei auf der Arbeitsfläche. ❸ Das Unterbaugerät bietet sich an, wenn bereits eine durchgehende Arbeitsfläche in der Küche vorhanden ist, unter die der Geschirrspüler nachträglich eingeschoben werden soll. Die Tür kann mit einer passenden Dekorplatte versehen werden.

1

2

3

4

Wäsche waschen und trocknen

Waschmaschinen und Trockner verbrauchen immer weniger Energie. In der Waschmaschine sorgen Elektronik und Trommelformung für eine optimale Ausnutzung des Wassers und der Waschmittel. Die Geräte sind leiser geworden, so daß sie, ohne zu stören, in der Küche oder im Bad aufgestellt werden können.
❶ Die Front dieses Waschvollautomaten ist bündig. Keine hervorstehenden Griffe stören, wenn er in der Küche aufgestellt wird. ❷ Ein Luftkondensationstrockner braucht keinen Abluftschlauch, die Feuchtigkeit, die beim Trocknen der Wäsche entzogen wird, wird in einer überlaufsicheren Schale mit Füllanzeige aufgefangen. ❸ Vollintegrierbar verschwindet dieser Luftkondensationstrockner in einem Schrankelement. Die Küchenfront wird nicht unterbrochen. ❹ Wenn für zwei Geräte in der Küche kein Platz ist, bietet sich dieser Vollwaschtrockner an. Waschen und Trocknen durch Kondensation werden hier von einem Gerät erledigt.

Spülen und Armaturen: das

Die ungewöhnliche Plazierung des Spülzentrums nutzt den Eckplatz optimal.

Das Spülzentrum ist Mittelpunkt vieler Küchenarbeiten. Darum kommt ihm in der Küchenplanung auch eine besondere Bedeutung zu.

Obwohl Geschirrspüler heute schon in vielen Küchen die eigentliche Arbeit des Spülens übernehmen, gewinnt die Spüle bzw. das Spülzentrum immer mehr an Bedeutung. Die Hälfte der Arbeitsstunden in der Küche werden inzwischen am Naßarbeitsplatz geleistet. Das Schwergewicht liegt heute bei der Speisenvorbereitung. Fleisch wird vor dem Braten abgespült und geschnitten, Gemüse wird geputzt und zerteilt.
Die eigentlichen Spülbecken sollte auch so groß ausgelegt sein, daß sperrige Küchenutensilien oder empfindliche Gläser leicht von Hand abgewaschen werden können. Zur umweltgerechten Entsorgung der Abfälle, d. h. zur Mülltrennung, werden die Spülen mit Müllboxen ausgestattet, in denen der Gemüseabfall usw. über einen Abwurfschacht in den Bioeimer fällt.
Man sollte also gut überlegen, welchen Platz man der Spüle in der Küche einräumt und wie sie ausgestattet sein soll. Wichtigstes „Werkzeug“ an der Spüle ist die Mischbatterie. Nach der Art der Warmwasserversorgung wird eine Hochdruck- oder Niederdruckarmatur gewählt. Eine ausziehbare Schlauchbrause kann die Arbeit erleichtern. Der Schwenkbereich und die Länge des Auslaufs richten sich nach der Größe der Spüle und ihrer verschiedenen Funktionen.

Naßzentrum der Küche

***Edelstahl** ist nach wie vor das Material, aus dem die meisten Spülen hergestellt werden. Diese Spüle mit einem Becken und Abtropffläche paßt in einen 45 cm schmalen Unterschrank.*

***Farbige** Spülen aus Kunststoff mit einer matten Oberfläche bieten verschiedene farbliche Gestaltungsmöglichkeiten. Der Kunststoff ist temperaturbeständig, durchgefärbt und leicht zu pflegen.*

***Die Abtropffläche** dient als Spülenabdeckung, wenn die Spüle als zusätzliche Arbeitsfläche genutzt wird. Trotz der geringen Abmessungen eine vollwertige Spüle mit Restebecken.*

***Spülbecken** und Abtropfbecken mit separatem Ablauf werden einzeln in die Arbeitsplatte eingelassen. Ein 45 cm breiter Unterschrank ist für den Einbau ausreichend.*

Vom Spülstein zum **Naßarbeitsplatz:**

Das Spülbecken *und die Abtropffläche sind geräumig genug für großes Küchengerät. Dank des flachen Restebeckens kann es trotzdem über einem nur 50 cm breiten Unterschrank eingebaut werden.*

Freiraum *im bequem zu nutzenden vorderen Bereich und eine große Beckendiagonale für Backbleche, Pfannen usw. bietet die große Spüle mit asymmetrischer Anordnung der Becken und Abtropfflächen.*

Das Abfallsystem *für Gemüseabfälle besteht aus einer Box mit Deckel in der Spüle, einem Abwurfschacht und dem Abfallsammler mit herausnehmbarem Eimer im Spülenunterschrank.*

Das Schneidebrett *ist gerade im Bereich der Spüle sehr sinnvoll, besonders wenn in der Spüle eine Abfallbox untergebracht ist. Obst und Gemüse werden an einem Platz gewaschen, geschält und zerteilt.*

Die Spüle wird Zentrum der Küche.

Arbeitsabläufe sind an dieser Spüle mit dem sehr großen, querliegenden Becken rationell gestaltet. Das Schneidebrett liegt rutschfest im vorderen Bereich der großen Abtropffläche.

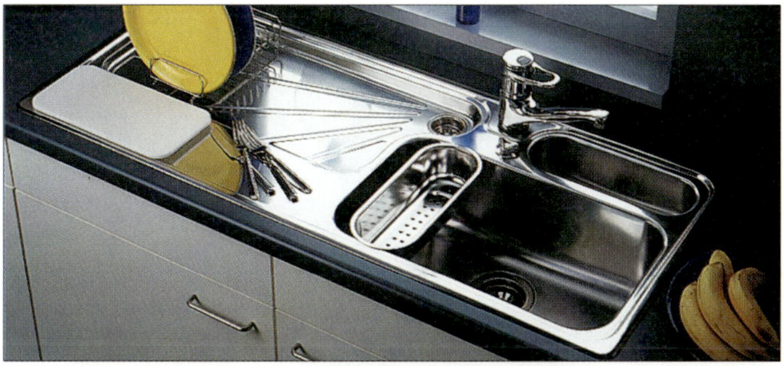

Achteckig ist diese farbige Kunststoffspüle mit separater Abtropffläche. Sie läßt sich sowohl über einem Eckschrank als auch über einem normalen Unterschrank mit 60 cm Breite einbauen.

Raumsparend ist diese kleine Edelstahlspüle in der Küchenecke optimal untergebracht. Auf eine integrierte Abtropffläche und das Restebecken mußte trotzdem nicht verzichtet werden.

Die Küchenecke läßt sich mit dieser großen Spüle perfekt als Naßarbeitsplatz nutzen. Das Zusatzbecken ist mit einem Siebeinsatz ausgestattet. Die Tropffläche eignet sich für die Vorbereitung der Speisen.

Die richtige **Mischbatterie** in der Küche:

Bei jeder Küchenarbeit tritt die Mischbatterie in Aktion. Wasser wird für die Vorbereitung, zum Kochen und Spülen gebraucht.

Verchromte Zweigriff-Mischbatterien sind die preiswerteste Lösung für die Versorgung mit warmem und kaltem Wasser an der Spüle.

Zweigriffbatterien werden bevorzugt eingesetzt, wenn die Wassertemperatur nicht am Auslauf geregelt werden muß.

abgestimmt in Funktion und Farbe.

Verchromte *Armaturen passen am besten zu den Edelstahlspülen. Sie verhalten sich farbneutral zur übrigen Kücheneinrichtung.*

Die Oberfläche *dieser weiß beschichteten Armatur ist temperaturbeständig und unempfindlich gegen Haushaltsreiniger.*

Granit *war das Vorbild für Spüle und Armatur. Die Beschichtung der Mischbatterie wird in mehreren Arbeitsgängen aufgetragen.*

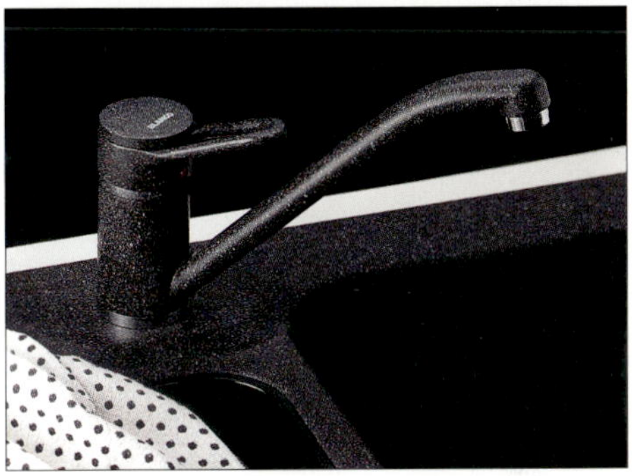

Der Auslauf *ist mit 230 mm besonders lang. Die Armatur läßt sich um 360° schwenken. Sie ist ideal für große Spülbecken.*

Die Schlauchbrause, *die aus dem Auslauf herausgezogen wird, läßt sich zum Vorspülen des Geschirrs auf einen Brausestrahl umstellen.*

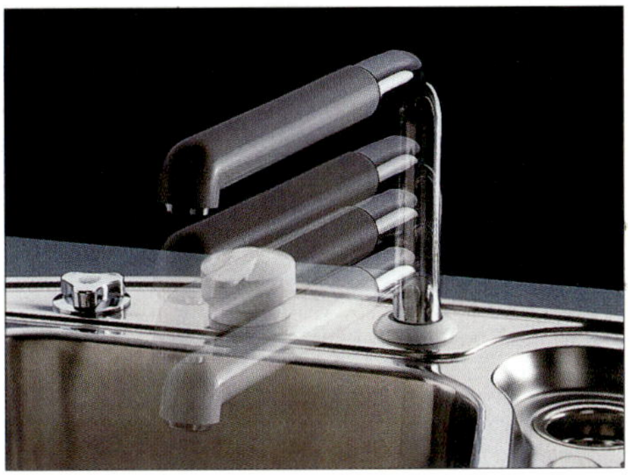

Versenkbar *ist diese Mischbatterie mit Spülbrause. Einfach drehen und versenken, und das Fenster kann geöffnet werden.*

Geschirrspüler- und

Haushaltsmaschinen fügen sich harmonisch in die Küchenfronten ein. Die Anschlüsse liegen unter der Spüle.

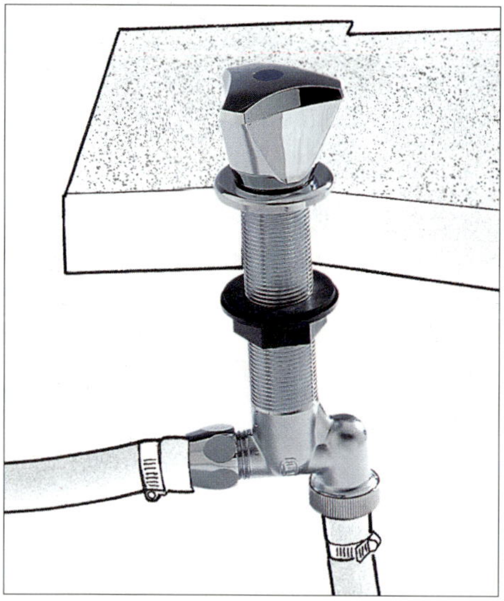

Das Untertischventil *verbindet unsichtbar unter der Küchenarbeitsplatte den Kaltwasserzulauf mit der Geschirrspül- oder Waschmaschine. Es ist von oben zu bedienen.*

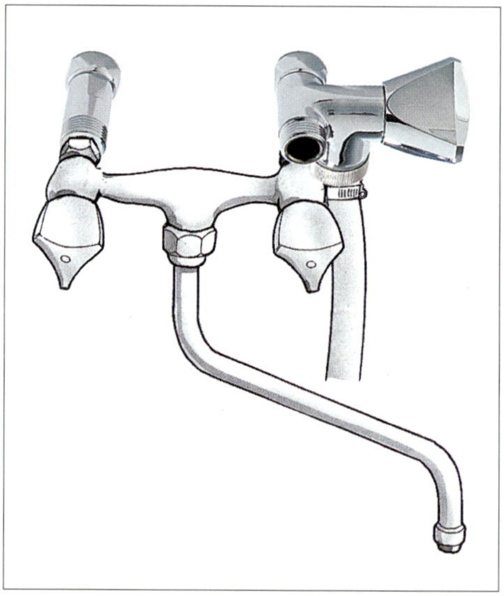

Das Geräteventil *wird zwischen die Wandarmatur und den Kaltwasseranschluß gesetzt. Für den Warmwasseranschluß ist ein Distanzstück im Set enthalten.*

Waschmaschinenarmaturen

Die Anschlüsse der in die Küche fest eingebauten Haushaltsmaschinen sollten unsichtbar und trotzdem gut zu erreichen sein.

Die hier gezeigten Anschlüsse für Geschirrspüler und Waschmaschinen sind ohne Löt- und Schweißarbeiten zu installieren. Sie werden an bauseitig vorhandenen Zapfstellen mit Rohrgewinden installiert. Alle Armaturen haben einen Rückflußverhinderer und teilweise Rohrbelüfter. Wird die Anschaffung weiterer Maschinen geplant, ist es sinnvoll, beim Kücheneinbau die Anschlüsse gleich mitzuverlegen. Bevor man mit der Installation beginnt, sollte man sich ein Sortiment Dichtungen bereitlegen, die es als Set im Fachhandel oder im Baumarkt gibt.

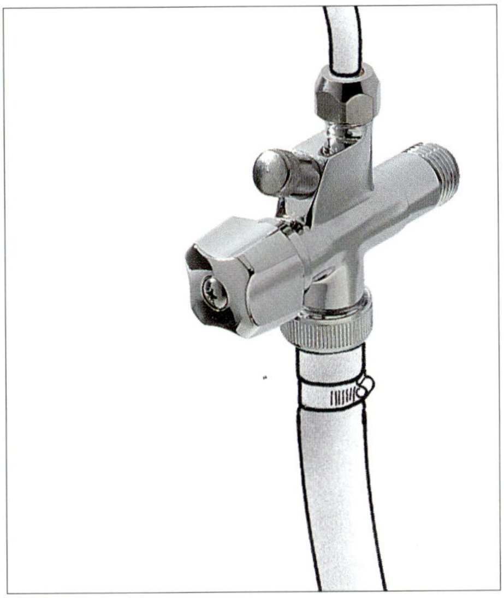

Das Geräteeckventil ersetzt das einfache Eckventil. Es ist unsichtbar unter der Arbeitsfläche angebracht. Der Zulauf für die Armatur und die Geräte wird getrennt geregelt.

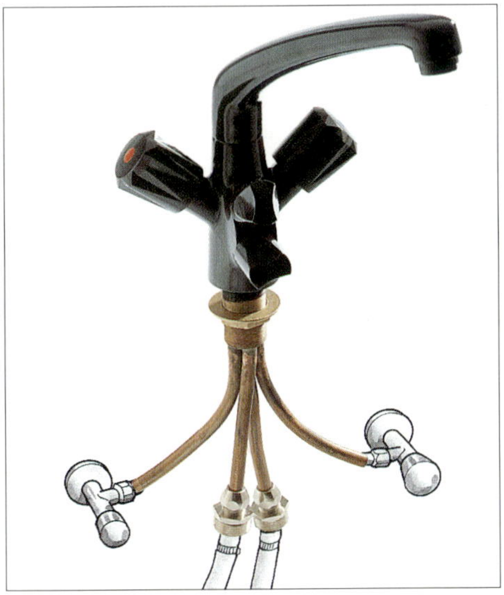

Die Spültischbatterie hat separate Zuläufe für die Wasch- und Geschirrspülmaschine. Leicht zugänglich ist das Absperrventil am Armaturenkorpus angebracht.

Die Haushaltsmaschinen können über die zwei Absperrventile dieser Untertischarmatur getrennt reguliert werden. Die Armatur wird in die Arbeitsfläche eingelassen.

Mit dem richtigen **Wasserablauf** sind

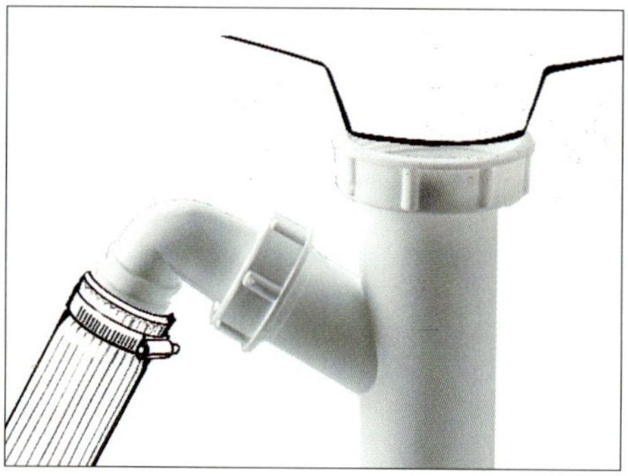

Das Tauchrohr verbindet die Ablaufarmatur mit dem Geruchsverschluß. Es kann durch ein Rohr mit Schlauchanschluß ersetzt werden.

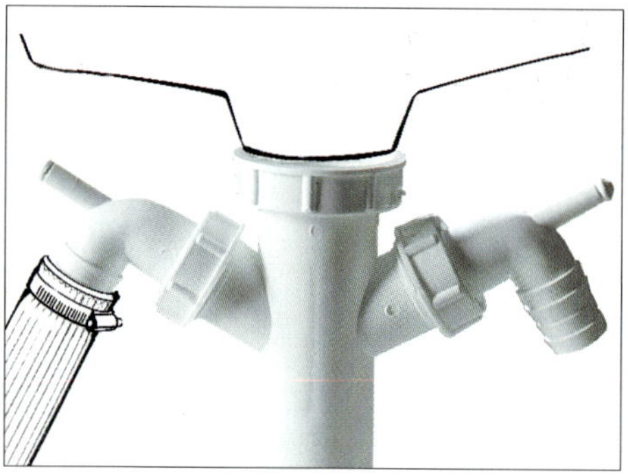

Waschmaschine und Geschirrspüler können gleichzeitig angeschlossen werden, wenn das Tauchrohr zwei Schlauchanschlüsse hat.

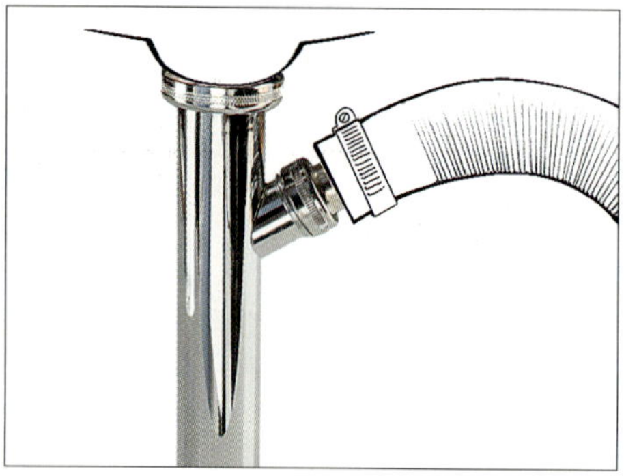

Waschbeckenabflüsse sind verchromt. Auch hierfür gibt es Tauchrohre mit Schlauchanschluß zum nachträglichen Einbau.

Feste Schlauchanschlüsse

Nur ein Notbehelf ist die Entsorgung der Lauge aus der Waschmaschine über den Schlauch in die Badewanne oder Spüle. Zu leicht kann der Schlauch abrutschen, und die 50 l eines Waschgangs führen zu einer kleinen Überschwemmung. Wenn es nicht anders geht, sollte wenigstens das Schlauchendstück aus Blei aufgesetzt oder der Schlauchkrümmer gesichert werden. Die festen Schlauchverbindungen werden häufig in der Küche mit dem Geruchsverschluß der Spüle verbunden, die heute meistens einen Schlauchanschluß für wenigstens ein Gerät haben. Ist das nicht der Fall, kann das Tauchrohr leicht ausgetauscht werden. Plant man später die Aufstellung eines weiteren Geräts, sollte man gleich ein Rohr mit zwei Anschlüssen einsetzen, einer kann bis dahin verschlossen bleiben. Die unter der Spüle angeschlossenen Ablaufschläuche sind unsichtbar, dennoch aber durch den Spülenunterschrank gut zugänglich. Leckagen sind so leicht zu erkennen und ohne große Ausbauten zu beheben.

Dichtungen an den Verschraubungen überprüfen

Nach dem Arbeiten an der Verschraubung der Abflüsse muß alles auf Dichtigkeit überprüft werden. Die Dichtungen müssen plan aufliegen und absolut sauber sein. Die Kunststoffverbindungen werden mit der Hand fest angezogen. Die Verschraubungen und Rohre werden trockengewischt. Danach kontrolliert man mit der Hand, ob Wasser aus den Verbindungen austritt.

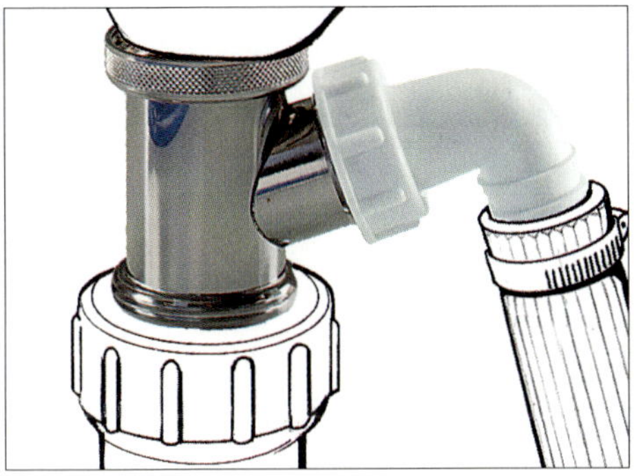

Ein Zwischenstück mit Schlauchanschluß wird eingesetzt, wenn man das Tauchrohr nicht komplett ersetzen will oder kann.

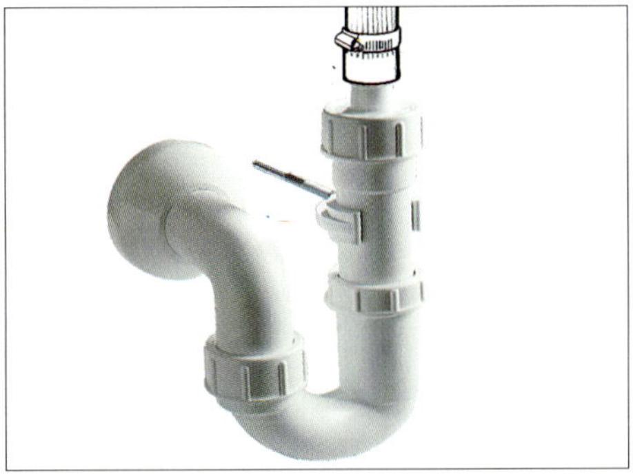

Ein Geruchsverschluß kann separat installiert werden. Mit einer Schelle wird der Schlauchzulauf an der Wand befestigt.

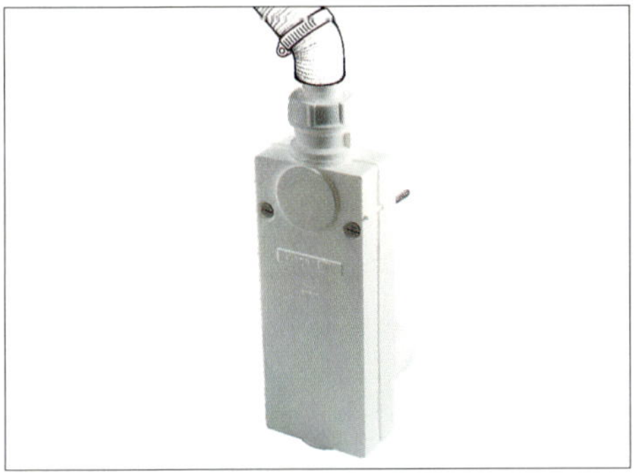

In Kastenform nimmt dieser Geruchsverschluß noch weniger Platz ein. Dieser separate Anschluß wird an der Wand befestigt.

Unsichtbar ist der Geruchsverschluß unter Putz. Nur die verchromte Abdeckung und der Bogen für den Anschluß sind auf den Fliesen zu sehen.

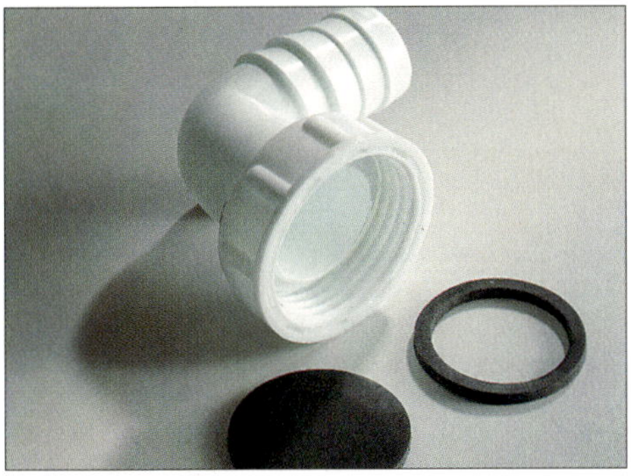

Verschließbar sind alle nicht benötigten Schlauchanschlüsse mit einer Gummischeibe, die an Stelle des Dichtringes eingesetzt wird.

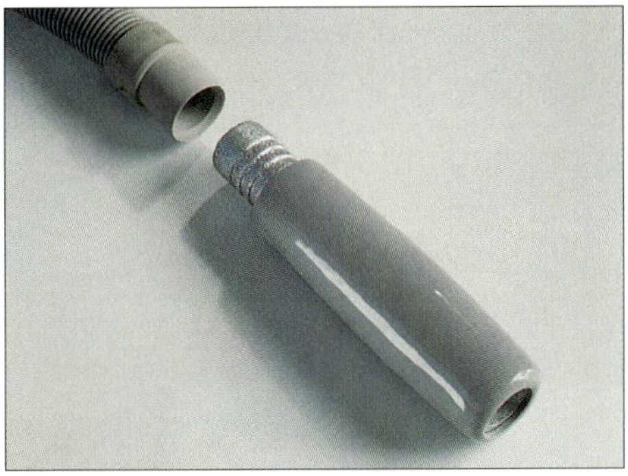

Schlauchendstücke aus Blei sollen verhindern, daß der Schlauch durch das Abpumpen aus dem Ablaufbecken gedrückt wird.

Das richtige

Das Licht in der Küche ist auf die speziellen Bereiche abgestimmt. Ohne grell zu sein, leuchtet es den Arbeitsplatz gut aus.

Arbeitslicht für die Küche

Die richtige Ausleuchtung der Küche schafft eine freundliche Atmosphäre und ist wichtig für das gute Gelingen der Hausarbeit.

Als der Küchentisch noch der zentrale Arbeitsplatz in der Küche war, reichte die Deckenleuchte als Lichtquelle aus. Meistens war sie in der Höhe zu verstellen, um dem Arbeiten im Stehen oder im Sitzen gerecht zu werden. Schon am Herd stand die Hausfrau mit dem Rücken zum Licht. Eine moderne Einbauküche ist mit Oberschränken ausgestattet, die Schatten auf die Arbeitsfläche werfen. Vor allem ist die Küche heute in verschiedene Arbeitsbereiche aufgeteilt, die eine gezielte Beleuchtung verlangen.
Bereits bei der Küchenplanung spielt die Beleuchtung eine große Rolle. Ist die Verteilung der Möbel und Geräte in der Küche festgelegt, weiß man auch, wo und wieviel Licht gebraucht wird. Jetzt können die Installationen noch hinter den Einbauten versteckt und entsprechende Blenden an den Schränken eingeplant werden.

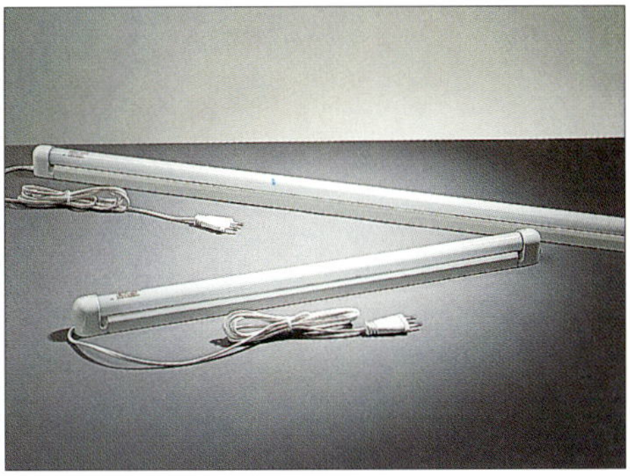

Leuchtstofflampen komplett mit Zuleitung und geringer Einbauhöhe gibt es von 8 bis 58 Watt und in Längen von 32 bis 152 cm.

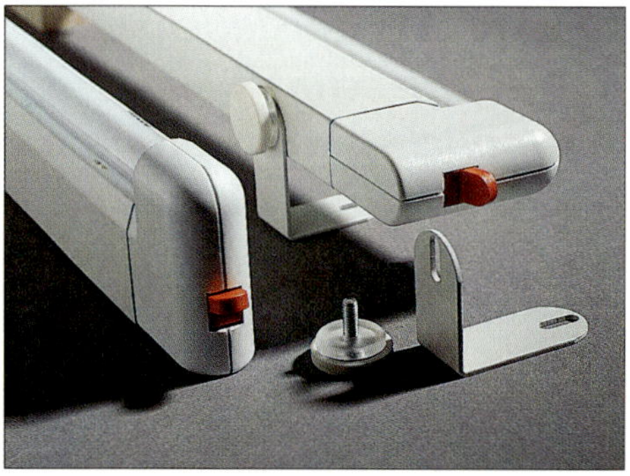

Die Montagewinkel, *die zusammen mit den Leuchtstofflampen geliefert werden, machen eine Montage flach oder hochkant möglich.*

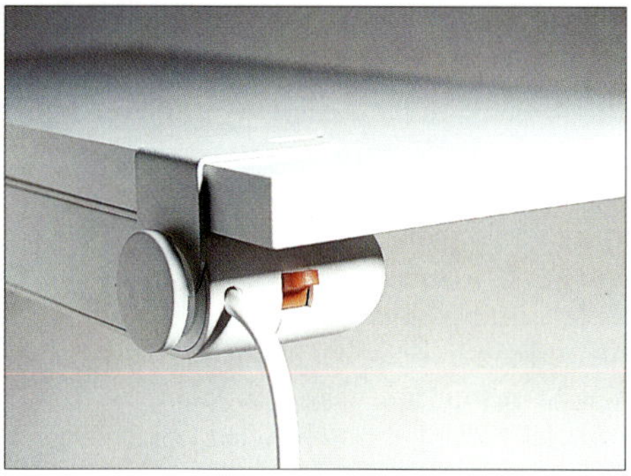

Die Bordkante *nimmt hier die Leuchte auf. Mit Hilfe der Montagewinkel wird die Leuchte an der Regalkante festgeklemmt.*

Sehr flache Einbauleuchten

Die Ausleuchtung des gesamten Raums ist aber trotz der punktuellen Lichtquellen notwendig. Der ständige Wechsel von hell zu dunkel wäre für die Augen nicht gut. Man rechnet pro Quadratmeter Küchenfläche 25 Watt bei Glühlampen und 10 Watt bei Leuchten, die mit Leuchtstoffröhren bestückt sind. Leuchtstoffröhren sind energiesparender als Glühlampen, haben aber den Nachteil des Flackerns beim Einschalten.
Für das direkte Licht über der Arbeitsfläche sind die neuen flachen Leuchten, die direkt unter die Oberschränke montiert werden können, entwickelt worden. Sie sind am einfachsten zu installieren. Die Halogenstrahler werden zusätzlich mit Blendenringen geliefert.
Eine Alternative zu diesen fertigen Leuchten bieten kleine Halogenstrahler, die aufgrund ihrer geringen Einbauhöhe in die Schrankböden flachbündig eingelassen werden können. Allerdings müssen Trafo und Verkabelung der Leuchten untereinander extra installiert werden.

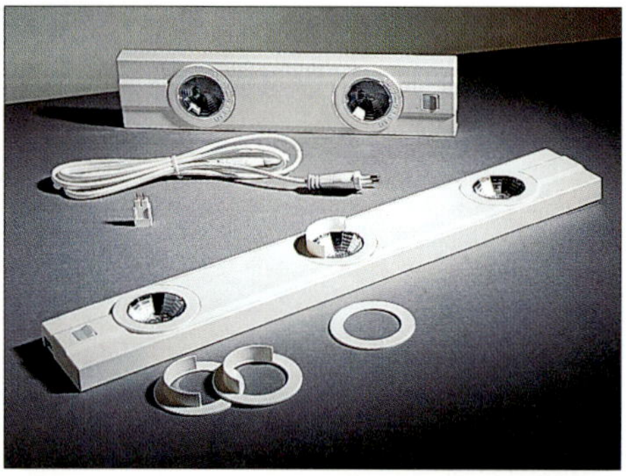

Halogenstrahler *sind in einer Lichtleiste vormontiert und verkabelt. Wahlweise werden sie mit 2 oder 3 10-Watt-Strahlern geliefert.*

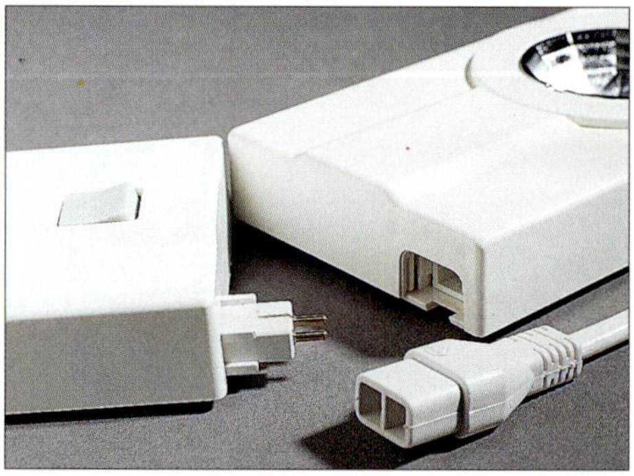

Verbindungsadapter *machen die Reihenmontage dieser Lichtleisten einfach. Statt der Zuleitung werden diese Adapter eingesetzt.*

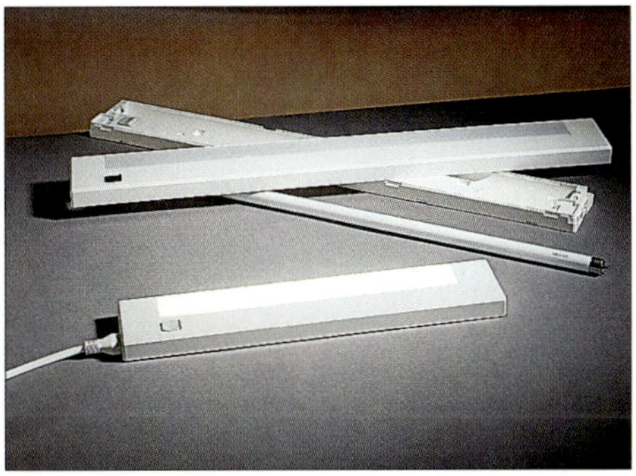

Die Lichtleisten *mit Stableuchtstofflampen tragen nur 2 cm auf und sind zur Montage hinter den Schrankblenden ideal geeignet.*

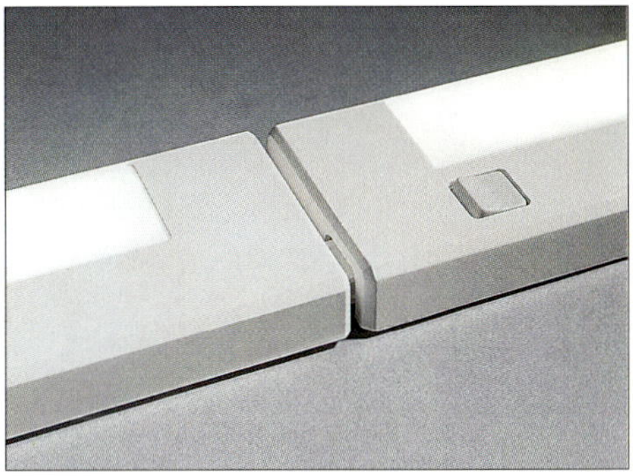

Ein Lichtband *aus mehreren aneinandergesteckten Leuchten gibt ausreichendes Licht an langen Arbeitsflächen.*

Darauf kommt es beim richtigen Arbeitslicht an

Ein Beispiel für eine richtige Arbeitsplatzbeleuchtung wird auf dieser Zeichnung gezeigt. Unter dem Oberschrank ist die Leuchte niedrig genug angebracht, so daß man nicht direkt in das Licht guckt. Die Schrankblende verdeckt den Leuchtenkörper, der zum Auswechseln der Leuchtmittel trotzdem gut zu erreichen ist. Die geringe Wärmeentwicklung der Halogen- oder Leuchtstofflampen erlaubt diese extrem flache Bauweise. Halogenlampen strahlen zudem ein warmes, angenehmes Licht ab. Dieser Arbeitsplatz ist optimal ausgeleuchtet.

Im Bereich des Herdes ist bei der Küchenplanung zu berücksichtigen, daß die Dunstabzugshauben heute meistens mit einer oder mehreren Leuchten ausgerüstet sind, die beim Kochen und Braten ausreichend Licht spenden.

Diese Materialien bewähren

Nicht jedes Material ist für die Küche geeignet. Die Zeiten, in denen nur Kacheln, Kunststoff und Edelstahl eingesetzt wurden, sind aber vorbei.

Wenn eine Küche vom Küchenspezialisten komplett eingebaut wird oder wenn fertige Küchenmöbel gekauft werden, muß man sich über das verwendete Material und seine Beschaffenheit kaum Gedanken machen. Man achtet mehr auf die optischen Qualitäten und verläßt sich auf das Fachwissen der Hersteller und Händler, die das Material empfehlen.
Baut man jedoch selber, auch wenn es nur Ergänzungen zur Einrichtung sind, sollte man über die Eigenschaften des Materials und die Möglichkeiten der Bearbeitung einigermaßen informiert sein. Hinzu kommt, daß die Auswahl beim Holzhändler nicht das ganze Marktangebot abdeckt; vieles wird nur auf Befragen angeboten. Man muß also vorher selber genau wissen, was man will.
Beim Selbermachen denkt jeder zuerst an den Werkstoff Holz. Dieses Material wird heute aber in so vielen Formen angeboten, daß allein hier schon die Übersicht verloren gehen kann. Die Möglichkeiten, den Übergang von der Arbeitsplatte zu den Oberschränken zu verkleiden, sind nicht mehr auf das Fliesenschild beschränkt. Der Fußboden in der Küche muß nicht mehr unbedingt gefliest werden. Die Materialien sind verbessert worden, neue sind hinzugekommen. Über ihre Eignung muß man sich aber informieren.

sich in der Küche

Zwischen Holz und Edelstahl

Holz ist ein lebendiges Material und verändert sein Aussehen durch Gebrauch und Lichteinwirkung. Als Massivholz kommt es in der Küche nicht mehr häufig zur Anwendung, weil es sich verziehen kann. Kleine Schubladen, Weinregale und Besteckeinsätze können aus Massivholz gebaut werden. Als Leimholz, das sind Massivholzleisten, die gegeneinander verleimt sind, kann es für viele Zwecke eingesetzt werden. Durch das Verleimen wird es verwindungsfrei. Leimholzplatten aus Buche eignen sich wegen der Härte des Holzes gut als Arbeitsfläche. Die Oberfläche muß gegen Feuchtigkeit allerdings mit Öl oder Wachs geschützt werden. Multiplex sieht aus wie massives Holz, ist aber aus vielen dünnen Schichten zusammengeleimt. Es ist so stabil, daß es in Handwerksbetrieben als Werkbank eingesetzt wird. Die Schnittkante ist durch die vielen Holzschichten sehr dekorativ. In vielen Stärken erhältlich, eignet es sich sowohl für den Regalbau als auch für Arbeitsflächen.

Tischlerplatte ist ein Sperrholz aus mindestens zwei Deckfurnieren und einer Zwischenlage aus Holzleisten. Die Tischlerplatte ist weitgehend verwindungsfrei und kann überall da eingesetzt werden, wo es um eine stabile Konstruktion geht. Tischlerplatte wird selten beschichtet angeboten, ist also sehr aufwendig in der Oberflächenverarbeitung.

Die Spanplatte in ihrer reinen Form wird beim Selbstbau von Küchenmöbeln wenig eingesetzt. In der Regel wird sie für den Bau von Korpussen, Türen usw. beschichtet verarbeitet. Nur die Kanten müssen verkleidet werden. Mit Beschichtung ist sie aber Hauptbestandteil der Küchenmöbel.

Unterschiedlichste Materialien wie Kiefernholz, Edelstahl, Kupfer, Mosaikfliesen und rustikale Wandfliesen machen das lebendige Bild dieser Küche aus.

Arbeitsflächen aus Holz und Kunststoff sind gleichermaßen gut für die Verwendung in der Küche geeignet. Holz ist pflegeintensiver als die leicht zu reinigende Kunststofffläche.

Hochglänzende Arbeitsflächen aus HPL-Material sind druck- und stoßfest. Allerdings sind sie nicht so kratzunempfindlich wie strukturierte Arbeitsflächen.

Edelstahlspülbecken sind sehr strapazierfähig und lassen sich mit speziellen Pflegemitteln schnell wieder auf Hochglanz bringen. Dabei sind sie die preiswerteste Lösung.

Material für Wand und Boden

Die typische Küchenarbeitsfläche mit einer Kunststoffbeschichtung basiert auf einer Spanplatte, die mit einer sehr harten, aus mehreren Schichten bestehenden Kunststoffbahn überzogen ist (HPL-Platten).
Der Vorteil bei diesen Platten ist, daß in der Fertigung die Kunststoffbahn über die gerundeten Kanten gezogen und so einen fugenloser Abschluß erreicht wird. In dünnerer Ausführung gibt es diese Postformingelemente in verschiedenen Längen und Breiten für Schranktüren. Ein interessantes Material, wenn die Küche renoviert werden soll.
Mitteldichte Faserplatten (MDF) sind, wenn man es genau nimmt, Spanplatten mit einer ganz feinen Struktur. Das hat den Vorteil, daß die Schnittkanten gestrichen werden können, ohne sie vorher mit Umleimern zu versehen. Es können sogar Profile an die Kanten gefräst werden, die dann einfach überlackiert werden können. Nur mit Klarlack behandelt, hat dieses Material einen warmen Holzton.
An Stelle des klassischen Fliesenschildes können beschichtete Paneele über der Arbeitsfläche angebracht werden. Sie werden mit Nut und Feder verbunden und verleimt, sind also auch gegen Feuchtigkeit geschützt.
Edelstahl ist für die Spüle nach wie vor das beliebteste Material, und das nicht ohne Grund. Belastbar, pflegeleicht und preiswert sind die Spülen. Edelstahl als Arbeitsfläche im Zubereitungsbereich ist sehr praktisch, zum Selbsteinbau aber nicht geeignet. Allenfalls kann man noch die Wand über der Spüle mit zugeschnittenen Tafeln selber verkleiden, denn schon das einfache Zuschneiden erfordert Spezialwerkzeug. Will man Farbe in den

Spülenbereich bringen, wählt man Emailspülen oder Spülen aus einem Verbundmaterial (z. B. Corian, Silgranit). Mineralische Stoffe werden zermahlen und mit Kunstharzen vermischt. Sie können in jede Form gebracht werden und sind durchgefärbt. Es gibt auch Arbeitsplatten aus diesem Material, sie sind aber sehr teuer, und das Einkleben der Spülenbecken, denn das ist mit einem fugenlosen Übergang möglich, erfordert einiges Fachwissen.
Fliesen in der Küche bieten vielfältige Gestaltungsmöglichkeiten, sowohl an der Wand als auch auf dem Fußboden. Wenn sie richtig verlegt und verfugt werden, bilden sie einen belastbaren, dauerhaften Belag. Hier hat man wohl die größte Auswahl an Formen, Farben und Dekoren. Dank der neuen Verlegetechnik im Dünnbettverfahren sind sie auch ohne Vorkenntnisse gut zu verarbeiten. Sogar Natursteinplatten wie Marmor werden heute schon in Eigenleistung verlegt.
Laminatböden als Fertigparkett sind für den Küchenfußboden gut geeignet. Gegenüber normalem Fertigparkett ist hier die letzte obere Schicht wesentlich abrieb- und kratzfester. Laminat hat eine ähnlich harte Kunststoffschicht wie die HPL-Arbeitsplatten. Die einzelnen Platten werden mit Nut und Feder zusammengefügt und verleimt, sind also wasserfest. Es gibt diese Böden mit klassischem Parkettdekor auch farbig. Zum Verlegen braucht man zwar einige Spezialwerkzeuge, die man aber beim Kauf ausleihen kann.
PVC, Linoleum und Gummiböden lassen sich leicht verlegen und leicht pflegen. Linoleum und Gummi sind Naturprodukte, aus diesem Grunde werden sie häufig bevorzugt.

Diese Spüle aus einem Verbundwerkstoff besteht zu 80 % aus gemahlenem Granit und zu 20 % aus Acryl. Das durchgefärbte Material ist abrieb-, kratz- und stoßfest.

Die Fliesen auf diesem Küchenfußboden kommen von der Rolle. Mit wasserunempfindlichem und leicht zu pflegendem PVC wurde der Fußboden vollflächig ausgelegt.

Eine Küche mit drei Gesichtern

Der Aufbau einer Küche muß kein Problem sein, wenn man einige wichtige Punkte beachtet. Es bleibt Spielraum für eigene Ideen und individuelle Lösungen.

Wie sehr Farbe und Form der Küchenfronten den Gesamteindruck bestimmen, zeigen diese drei Küchen. Nur die Schranktüren unterscheiden sich.

Die Waagerechte des Küchenbodens kann mit den langen Sockelleisten und einer Wasserwaage sehr leicht überprüft werden.

Der Eckschrank wird zuerst ausgerichtet und nach beiden Seiten in die Waage gebracht. Der Wandwinkel wird überprüft.

Die Unterschränke links und rechts werden danach aufgestellt, ausgerichtet und mit dem Eckschrank verbunden.

Es beginnt in der Ecke

Leider sind die Wünsche für die neue Küche nicht immer ganz mit den finanziellen Möglichkeiten in Einklang zu bringen. Hilfe bieten hier Möbelhäuser wie IKEA, die zwar fertige Küchen anbieten, dem Kunden aber die Möglichkeit bieten, die Küche selbst einzubauen und damit erhebliche Kosten zu sparen. Bei der Planung der Küche bekommt man aber professionelle Unterstützung. So kann man sich ein Computerbild seiner fertigen Küche zeichnen lassen. Dort können auch die Ansichten mit verschiedenen Fronten und Farben in der Aufsicht dargestellt werden. Wie unterschiedlich die verschiedenen Farbvarianten im Raum wirken, sieht man auf den vorhergehenden Seiten.
Jedes Detail des Raums wird genau ausgemessen und auf Millimeterpapier übertragen. Besonders wichtig sind Vorsprünge, auf der Wand laufende Rohre und Fensteröffnungen. Dann wird der Bedarf an Ober- und Unterschränken sowie an Elektrogeräten festgestellt. Der für die Küche zur Verfügung stehende Raum muß nicht immer mit Schränken und Geräten vollgestellt werden. Bei rationeller Planung bleibt auch in kleinen Küchen eventuell noch Raum für einen kleinen Eßplatz. Anhand des Katalogs und in Zusammenarbeit mit der Küchenberatung wird dann die Küche konzipiert. Und vier Wochen später kann meistens mit dem Einbau begonnen werden.
Ganz werden die fertigen Schränke die Wandflächen nicht ausfüllen können. Statt mit Blenden und Verkleidungen zu arbeiten, kann man jede Lücke mit individuellen Einbauten ausnutzen. Erst nach dem Aufstellen der Ober- und Unterschränke werden diese Lücken ausgemessen.

die neue Küche Gestalt an.

Sockelplatten können mit ein oder zwei Schrankfüßen versehen werden. Quer montiert, nehmen sie den Nachbarkorpus auf.

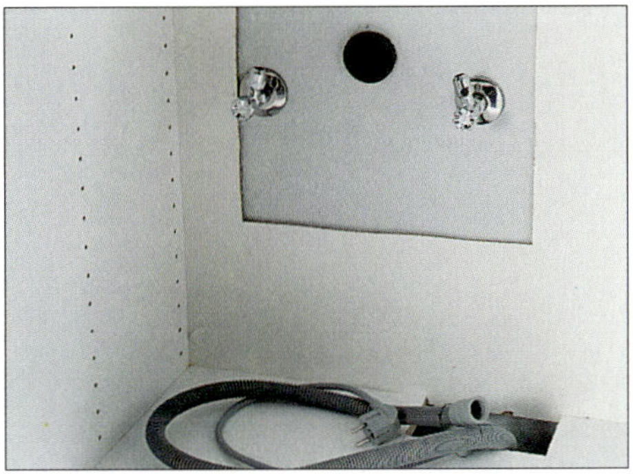

Ausschnitte für die Zu- und Abläufe sollte man großzügig bemessen. Die Schläuche für die Spülmaschine kommen aus dem Sockel.

Die Korpusse der Küchenzeile stehen und sind ausgerichtet. Das Nachregulieren an den Füßen ist jetzt noch leicht möglich.

Beschläge und Schrauben der einzelnen Korpusse werden mit Klebeband fixiert, damit kein Teil verlorengehen kann.

Das Geschirrkarussell nutzt den Platz im Eckschrank optimal aus. Bevor die Arbeitsplatte montiert wird, wird es eingesetzt.

Die Elektrogeräte sind in die Schränke eingesetzt, die Oberschränke sind montiert. Das Grundgerüst der neuen Küche steht.

Ein paar praktische **Ratschläge** für den

Ausschnitte für Spüle oder Kochfeld werden mit einer Stichsäge herausgesägt. Die Schnittkanten werden mit Silikon versiegelt.

Der Armaturausschnitt wird mit einer Lochstanze geschnitten. Vorbohren, die Stanze einsetzen, mit dem Maulschlüssel anziehen.

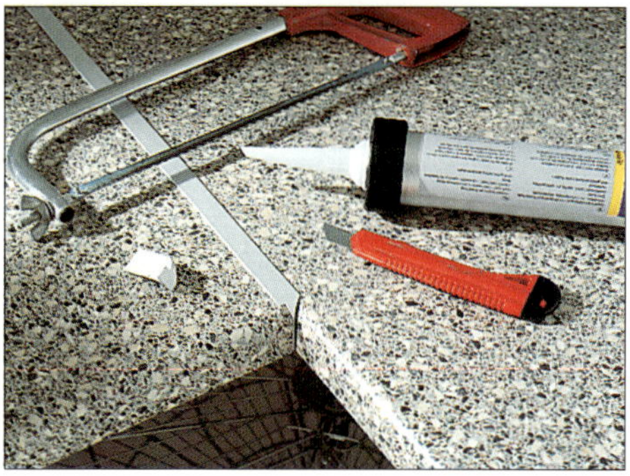

Arbeitsplatten werden über Eck mit einem Aluminiumprofil verbunden. Auch hier werden die Schnittkanten versiegelt.

Hilfsmittel zum Andübeln der Oberschränke ist hier ein Kasten aus Holz, der in den Zwischenraum Arbeitsfläche – Oberschrank paßt.

Unebenheiten der Wand werden durch Ausrichten der Arbeitsfläche ausgeglichen. Der Abstand wird durch Eckleisten verdeckt.

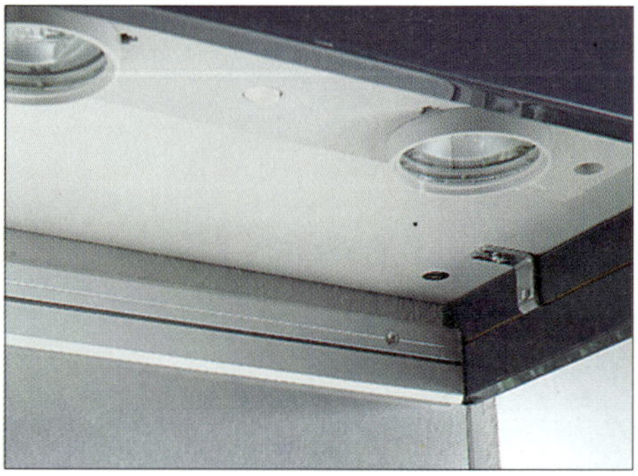

Die Wandpaneele aus Aluminium werden montiert, sobald die Blendleiste unter den Oberschränken angebracht ist.

Nur ein kleiner Werkzeugkoffer

Viel Werkzeug wird für den Einbau der Küchenteile nicht benötigt. Die meisten Geräte sind bereits im Haushalt vorhanden. Die Bohrmaschine wird für sämtliche Bohrungen und das Aufhängen der Schränke gebraucht. Mit der Stichsäge werden die Ausschnitte in der Arbeitsfläche ausgesägt. Mit der Wasserwaage werden die Möbelteile ausgerichtet. Hammer, Schraubendreher, Maulschlüssel, eine Metallsäge und Cuttermesser ergänzen den Werkzeugkoffer. Wichtig ist die Reihenfolge der Arbeiten. Es ist ärgerlich, wenn Teile wieder abgebaut oder aufgenommen werden müssen.
Die Schnittkanten und Ausschnitte der Arbeitsfläche müssen versiegelt werden, sonst kann Feuchtigkeit eindringen, und die Flächen quellen auf. Am besten nimmt man hierfür Silikondichtmasse. Die Schnittflächen können auch mit wasserfestem Holzleim eingestrichen werden.
Da die Wand in den seltensten Fällen exakt rechtwinklig und gerade ist, wird die Arbeitsfläche nach dem Auflegen mit Keilen an der Wand ausgerichtet. Diese Keile sollte man in ausreichender Zahl bereitlegen.
Zum Ausrichten und Aufhängen der Oberschränke ist ein Holzkasten, der aus Reststücken oder billigem Material auf Maß gebaut wird, eine große Hilfe. Die Schränke stehen fest im richtigen Abstand zur Arbeitsfläche, wenn die Dübellöcher angezeichnet werden.
Das Loch für die Spülenarmatur wurde mit einer speziellen Lochstanze geschnitten. Damit das Fenster noch geöffnet werden kann, wurde hier eine Armatur eingesetzt, die sich bei Bedarf mit einem Bajonettverschluß abkippen läßt.

Deck- und Halteleisten der Arbeitsplatte werden versetzt angebracht, um einen Übergang ohne Versatz zu erreichen.

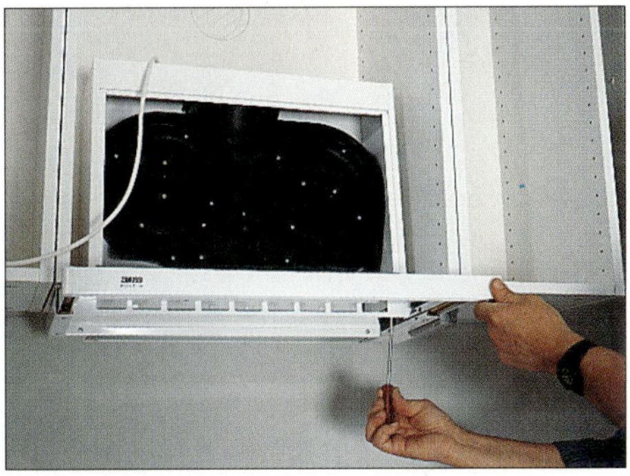

Der Wrasenabzug wird erst in den Oberschrank eingesetzt, wenn dieser befestigt ist. Die Klemmbeschläge werden fest angezogen.

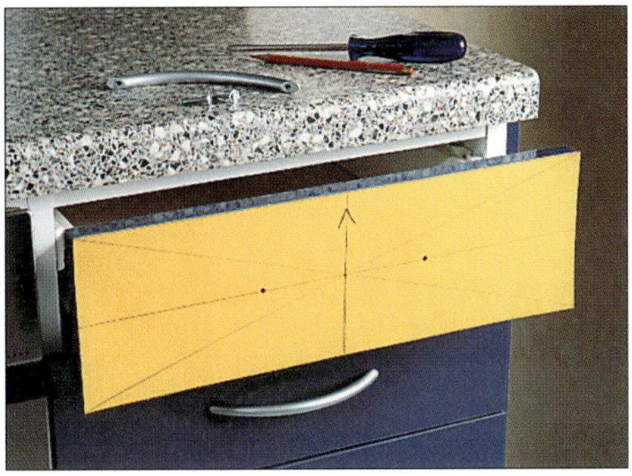

Die Bohrschablone für die Griffe wird aus Pappe ausgeschnitten und mit doppelseitigem Klebeband auf der Schublade fixiert.

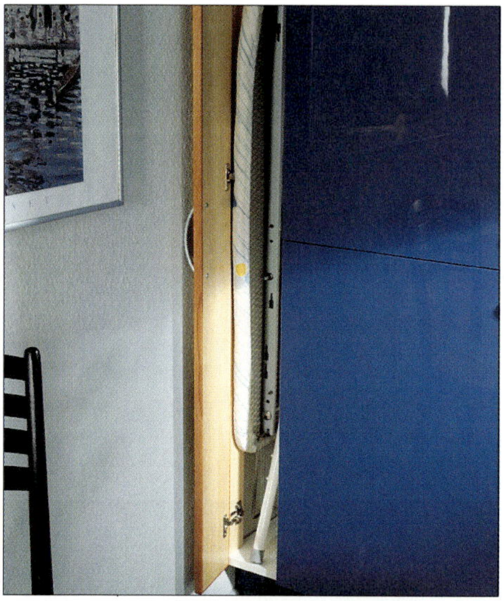

***Das Bügelbrett** findet seinen Platz in einem nur 14 cm breiten Schrank. Ein Fallrohr in der Ecke des Raums mußte verkleidet werden, und der Einbau bot sich an dieser Stelle an.*

***Die Serviertabletts** werden in diesem schmalen Fach untergebracht. Die Lücke für dieses offene Regalteil entstand zwischen dem Geschirrspüler und dem Kühlschrank.*

Mit eigenen Ideen und Geschick

Es ist schon erstaunlich, mit wie vielen Ausstattungsdetails und Abmessungen Küchenelemente angeboten werden. Trotzdem wird man schon bei der ersten Planung feststellen, daß sich Lücken ergeben. Kauft man eine fertige Küche, werden diese Lücken durch Blenden geschlossen, und der Platz ist verloren. Oder es werden sündhaft teure Spezialanfertigungen angeboten. Auch hier ist die Eigenleistung beim Aufbau ein großer Vorteil. Man kann auf diese besonderen Gegebenheiten viel besser eingehen.
Die in dieser Küche gezeigten Lückenfüller werden mit Problemen fertig, die von den Küchenherstellern gar nicht oder nur mit großem Platzbedarf gelöst werden. Für das sperrige Bügelbrett oder die hohe Haushaltsleiter müßte man sonst wertvollen Regalplatz in einem Hochschrank opfern. Die Küchentabletts wären auf der Arbeitsfläche immer im Wege. Für die Kleinteile im selbstgebauten Regal und die Küchenutensilien an der Wand brauchte man mindestens eine Schublade zusätzlich. Und die Blende für die Lichtinstallation mit dem Trafo löst gleich zwei Probleme.
Es sind sehr einfache, kastenförmige Bauteile mit rechten Winkeln, die hier zum Selbermachen vorgeschlagen werden. Sie werden mit Weißleim und Holzdübeln zusammengefügt. Man muß also nicht Tischlermeister sein, um diese Lückenfüller selbst zu bauen. Zumal man das Material im Baumarkt zugeschnitten bekommt. Allerdings sollte man mit dem Bau der Teile warten, bis die fertigen Elemente aufgebaut sind. Dann nimmt man Maß und läßt das Material zuschneiden. Gerade in diesen meistens engen Lücken würde ungenaue Arbeit auffallen.

Lücken sinnvoll geschlossen.

Die Blende *mit den Halogen-Einbaustrahlern wurde auf Maß selbst gebaut. Sie verdeckt die gesamte Lichtinstallation und die hochgezogenen Jalousien.*

Eine Lücke *entstand auch zwischen den Oberschränken, die bündig mit der Fensterlaibung aufgehängt wurden. Haushaltspapier, Müllbeutel usw. liegen griffbereit in diesem Regal.*

Das richtige Material für die eigenen Einbauten

Eigentlich kann für die individuellen Einbauten jedes Plattenmaterial verwendet werden, das man im Baumarkt zugeschnitten mit verschiedenen Oberflächendekoren bekommt. Die Kanten sollten aber stabil sein. Statt des aufzubügelnden Umleimers sollte man lieber eine massive Holzkante vorleimen. Hier wurde eine sehr harte Buchenholzleiste auf die Kanten der 15 mm starken, weiß beschichteten Spanplatte geleimt. Im täglichen Gebrauch werden diese Kanten stark beansprucht. Will man mit diesen Einbauten zusätzlich dekorative Akzente setzen, wählt man massives Holz (Leimholzplatten). Offenporig mit Holzwachs behandelt, lebt dieses warmtonige Material.

Ein Mauervorsprung *wurde mit Holzplatten verkleidet. Direkt neben dem Herd können Messerbrett, Geschirrtücher und Küchengerätschaften griffbereit hängen.*

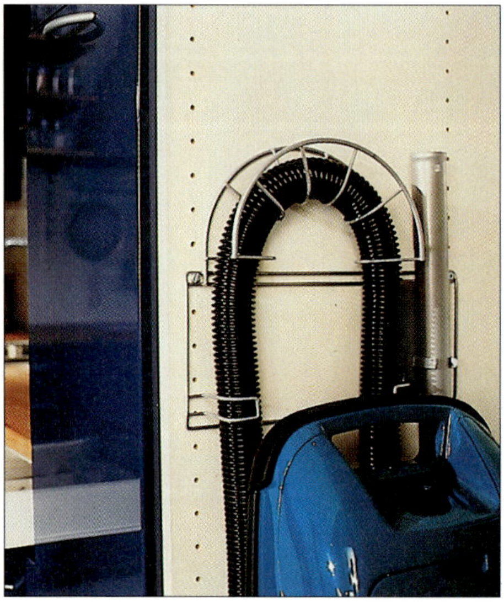

Der Staubsauger und das Zubehör werden täglich gebraucht und müssen griffbereit stehen. Der Halter für Schlauch und Zusatzteile wurde an der Schranktür aufgehängt.

Die Besteckschublade hat eine sehr übersichtliche Innenaufteilung. Der Einsatz aus Kunststoff ist herausnehmbar und leicht zu reinigen. Es gibt unterschiedliche Aufteilungen.

Genau überlegen und planen

Schön wird die Küche durch die Fronten der Schränke und die Dekoration. Praktisch wird sie erst, wenn auch die Inneneinrichtung der Schränke stimmt. Und das beweist sich leider manchmal erst in der täglichen Praxis. Da die Möglichkeiten hier fast noch umfangreicher sind als bei den Schrankelementen, ist sorgfältige Planung gefragt.

Jeder wird seinen Arbeitsablauf etwas anders gestalten. Eine Junggesellenküche wird anders organisiert sein als die Küche einer großen Familie. Auf einige Punkte wird hier aufmerksam gemacht.

Statt der Unterschränke mit Türen und Regalen werden immer mehr Auszüge von den Küchenherstellern angeboten. Die sind zwar erheblich teurer, sollten aber trotzdem eingesetzt werden, wo es irgend möglich ist. Lieber an anderer Stelle einen Kompromiß machen. Kein Bücken, kein Suchen, die Utensilien liegen übersichtlich und griffbereit in den Schubkästen. Ein Eckschrank ohne Geschirrkarussell ist ein verlorener Raum, denn an die hinten liegenden Teile wird man ohne Verrenkungen nicht gelangen. Bei ausziehbaren Hochschränken für Lebensmittelvorräte muß man auch an das nicht unerhebliche Gewicht der Dosen, Gläser und Packungen denken, eventuell einen schmaleren Schrank wählen.

Die Einteilungen der Besteckschubladen sind nicht immer auf den eigenen Bedarf zugeschnitten. Im Zweifelsfall eine Schublade ohne Besteckkästen nehmen und die Einteilung selber bauen.

Die Müllentsorgung muß inzwischen richtig organisiert werden. Ein Auszug mit Behältern für die verschiedenen Müllsorten ist auch hier die beste Lösung.

der Schränke erleichtert die Hausarbeit.

Diese Lade ist unter dem Oberschrank angebracht und kann herausgeklappt werden. Kleinteile sind immer zur Hand. Das Kochbuch kann aufgeschlagen darin liegen.

Das Geschirrkarussell mit zwei Drahtkörben nutzt den sonst toten Raum in der Ecke. Alle benötigten Töpfe, Pfannen und Rührschüsseln können hier verstaut werden.

Ausziehbare Schränke mit schmalen Drahtkörben bieten viel Stauraum. Die Lebensmittelvorräte können übersichtlich sortiert werden und sind mühelos zu erreichen.

Auszüge in den Unterschränken sind weitaus praktischer für die tägliche Arbeit als Schränke mit Türen. Übersichtlich und gut erreichbar stehen die Küchengeräte in den Schubladen.

Selbstgebaute

Eine funktionsfähige Küche auf nur 2,5 Quadratmetern Grundfläche. Die selbstgebauten Schränke und schmale Elektrogeräte machten es möglich.

Küche auf kleinstem Raum

Sämtliche Schränke wurden auf Maß gefertigt. Anders war eine funktionsfähige Küche auf so kleiner Fläche nicht unterzubringen.

Das Haus stammt aus den 50er Jahren. Entsprechend einfach war die Küchenausstattung, ein Herd, eine Steingutspüle und ein Unterschrank waren alles. Die neuen Bewohner wünschten sich einen Vierplattenherd mit Backofen, einen Kühlschrank, eine eingebaute Edelstahlspüle und ausreichend Schrankplatz für Geschirr, Töpfe und Küchenutensilien. Mit den üblichen Küchenmöbelprogrammen war dieser Wunsch nicht zu realisieren. Durch die Eigenbauten wurde kein Zentimeter des knappen Raums verschenkt.

Der Oberschrank wurde um den Mauervorsprung herumgebaut. Der größte Schrank wird zuerst mit der Wasserwaage ausgerichtet und aufgehängt.

Auf der Zeichnung erkennt man erst richtig, wie jeder Winkel dieser Küche genutzt werden mußte, um Kühlschrank, Herd, ausreichend Schrankraum und Arbeitsfläche unterzubringen.

Ein Raumwunder entsteht auf Millimeterpapier

Millimeterpapier, Lineal, Zollstock und Bleistift waren zu Anfang die wichtigsten Werkzeuge. Ein genaues Aufmaß des Raums mit allen Ecken und Vorsprüngen und die Abmessungen der Elektrogeräte sind die unentbehrlichen Grundlagen für eine Planung. Auch der Platz für die Spüle stand fest, da der Wasseranschluß nicht verlegt werden konnte.
Schon bei den Elektrogeräten kann Platz gespart werden. Die Hersteller bieten inzwischen neben den normal 60 cm breiten Geräten auch Kühlschränke und Herde an, die nur 45 cm breit sind und trotzdem einen guten technischen Standard bieten. Die Schränke können nun paßgenau in diese Zwischenräume gebaut werden, so geht kein Platz verloren.

Das Material für die Schränke bekommt man im Baumarkt. Aus Vielzweckregalböden mit einer abgerundeten Kante und weiß beschichteter Spanplatte, 19 mm stark, bestehen die Ober- und Unterschränke. Diese Möbelbauplatten haben den Vorteil, daß die Kanten nicht mehr bearbeitet werden müssen. Die Korpusse werden als Einzelelemente zusammengeschraubt und erhalten einen festen Oberboden. Der Sockel ist 10 cm hoch. Da die Schränke keine verstellbaren Füße haben, werden Bodenunebenheiten mit Kunststoffkeilen ausgeglichen, die beim Aufbau unter die Senkrechten geschoben werden. Die Unterschränke sind 82 cm hoch, zusammen mit der Arbeitsfläche ergibt sich eine Arbeitshöhe von 86 cm.

Platz in dieser kleinen Einbauküche.

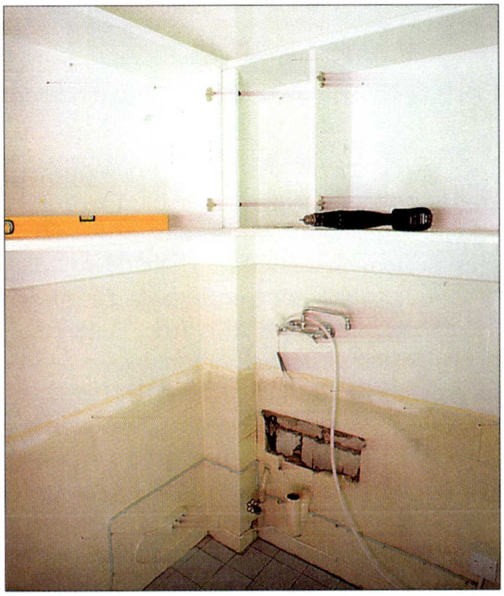

***Die Korpusse** der Oberschränke sind im Winkel zueinander aufgehängt. Man sieht deutlich, wieviel Platz durch die Eigenanfertigung der Schränke gewonnen wurde.*

***Der Spülenunterschrank** und das Flaschenregal stehen an ihrem Platz und werden ausgerichtet. Die Bodenunebenheiten werden mit Kunststoffkeilen ausgeglichen.*

***Der Kühlschrank** hat nur 45 cm Breite, was für den kleinen Haushalt ausreichend ist. Hier sieht man deutlich, daß fertige Küchenmöbel nicht aufgestellt werden könnten.*

***Der Eckschrank** wurde in der Höhe der Fensterbank angepaßt. Die Arbeitsfläche in diesem Bereich hat eine sehr komplizierte Form und wurde nach Schablone zugesägt.*

Der Spülenausschnitt ist fertig. Die Spüle muß mit gleichem Abstand zu allen Kanten eingebaut werden. Falls notwendig, wird der Ausschnitt mit der Holzraspel nachgearbeitet.

Die Fensterbank wurde zur zusätzlichen Arbeitsfläche. Durch den niedrigeren Unterschrank konnte hier eine durchgehende Platte eingesetzt werden.

Fensterbank nach Schablone

Um das Fenster in der Küche noch öffnen zu können, durfte der Unterschrank nur 65 cm Höhe haben. Ein Problem war in diesem Bereich auch die Arbeitsfläche, die wegen der abgerundeten Kanten aus zwei Teilen zusammengesetzt wurde. Sie ergibt aber gerade im Bereich des Herdes eine wertvolle Abstellfläche.
Der stabile Korpus der Oberschränke ist einheitlich 60 cm hoch und 30 cm tief. Als Ober- und Unterboden wurden 30 cm tiefe Möbelbauplatten mit abgerundeten Kanten eingesetzt. Seiten- und Mittelwände sind aus 19 mm weißer Spanplatte. Die senkrechten Teile des Schranks werden mit Bohrungen für Bodenträger versehen, damit die Einlegeböden verstellbar sind. Die Teile werden miteinander verschraubt. Stabilität bekommen die Oberschränke durch die ebenfalls aus 19 mm starkem Material gefertigten Rückwände, die von hinten gegen den Korpusrahmen geschraubt werden.
Zwei abgerundete Längskanten haben die Elemente, aus denen die Türen zugeschnitten werden. Es gibt dieses Material in verschiedenen Breiten und mit verschiedenen Oberflächen. Samtesche weiß wurde hier genommen. Die Platten müssen nur auf Länge zugeschnitten werden. Die Schnittkanten verkleidet man mit Kantenumleimern. Die Schranktüren werden mit Topfbändern eingehängt, an denen sich die Türen gut ausrichten lassen.
Bevor die Arbeitsplatte montiert wird, werden die Schnittkanten, Plattenstöße und der Ausschnitt für das Lüftungsblech hinter dem Kühlschrank mit Silikondichtmasse versiegelt. Zum Schluß werden die Wandfugen und der Übergang zum Herd ebenfalls mit Silikon abgedichtet.

Die Arbeitsplatte besteht aus zwei Teilen, die mit einem Spezialbeschlag verbunden werden. An der Verbindung und besonders im Spülenbereich wird mit Silikon abgedichtet.

Die Schnittkante der Arbeitsfläche wird durch einen Umleimerstreifen abgedeckt. Die Arbeitsfläche faßt etwas über den Herd und kann in diesem Bereich gut versiegelt werden.

Die Schranktüren sind an zwei Kanten abgerundet. Dieses Material gibt es in Breiten von 29,4 cm bis 59,4 cm. Die Schnittkanten werden mit Umleimern versehen.

Die Tür zum Spülenunterschrank ist sehr schmal, damit dort der Kühlschrank seinen Platz finden konnte. Dahinter verbirgt sich ein tief in die Ecke reichender Stauraum.

Individuell eingerichtet –

Dank der guten Planung blieb in der kleinen Küche sogar noch Platz für den Frühstückstisch.

die fertig gekaufte Küche

Auf 5 Quadratmetern wurde diese kleine, wohnliche Küche mit allen wichtigen Elektrogeräten und ausreichendem Schrankplatz eingerichtet.

Kleine Küchen einzurichten wird immer ein Problem sein. Man möchte auf den neuzeitlichen Küchenkomfort nicht verzichten. Herd, Kühlschrank, Spüle und Geschirrspüler nehmen schon viel Platz in Anspruch. Die Küchenutensilien, Töpfe, Pfannen und Geschirr sollen auch noch gut zugänglich untergebracht werden. Der Kücheneinrichter wird vielleicht einen Vorschlag machen, der den Wünschen entspricht, aber nicht immer den finanziellen Möglichkeiten.

Diese Küche wurde erst einmal auf Millimeterpapier geplant. Der Platzbedarf für Herd und Kühlschrank stand fest. Der Geschirrspüler ist mit 45 cm Breite kleiner als die normalen Geräte und reicht für einen kleinen Haushalt aus. Dadurch konnten zwei große Unterschränke eingebaut werden. Ober- und Unterschränke haben Standardmaße. Diese Schränke gibt es in 30, 40, 50 und 60 cm Breite, die Oberschränke zusätzlich noch in 80 cm Breite. Die trotzdem entstehenden Lücken wurden mit kleinen, leicht herzustellenden Einbauten sinnvoll und praktisch genutzt. Das Angebot an Fronten mit über 20 Varianten und unterschiedlichen Griffen läßt wirklich keinen Wunsch offen. Zu diesem Programm (IKEA) gehören auch Arbeitsplatten in abgestuften Fertiglängen. Eine Küche nach den eigenen Wünschen läßt sich aus diesem Programm sicher zusammenstellen. Und die Eigenleistung spart eine Menge Geld.

Die Buchenholzrahmen der Drahtglastüren sind das Besondere an dieser kleinen Küche, die selbst zusammen- und eingebaut wurde.

Der Schraubendreher mit einer Kreuzschlitzklinge Größe 2 ist das einzige Werkzeug, das zum Zusammenbau gebraucht wird.

Die Verstellmöglichkeiten an den Füßen sind hier deutlich zu erkennen. So können die Unterschränke dem Boden angepaßt werden.

Füße mit Höhenverstellung

Eine gute Vorbereitung der Wasser- und Elektroinstallation erspart viel Arbeit. Wenn noch keine Schränke und Geräte in der Küche stehen, lassen sich die Anschlüsse problemlos verlegen. Beim Einbau der Geräte müssen danach nur noch Steck- und Schraubverbindungen hergestellt werden. Die Steckdosen für die Kleingeräte und die Leitungen für den Wrasenabzug und die Beleuchtung werden noch vor dem Einbau auf der Wand verlegt. Die Kabel verschwinden später hinter den Oberschränken.
In dieser Küche wurden unterbaufähige Elektrogeräte eingebaut. Sie sind erheblich billiger als entsprechende Einbaugeräte. Nachdem die obere Platte der Geräte demontiert wurde, lassen sich diese Geräte wie normale Schränke unter der Arbeitsfläche aufstellen. Außerdem spart man den speziellen Schrankkorpus, der bei Einbaugeräten notwendig ist. Das Glaskeramikkochfeld des Unterbauherds kann trotzdem ohne Unterbrechung der Arbeitsfläche eingebaut werden. Für den Kühlschrank wird ein Lüftungsgitter in die Arbeitsfläche eingelassen.
Die Arbeitsfläche der Küche ist L-förmig. Dort, wo die beiden Flächen in der Ecke zusammenstoßen, werden sie mit einem Spezialprofil zusammengesetzt. So wird der Übergang von der gesägten Kante zum abgerundeten Profil sauber geschlossen. Ist die Arbeitsplatte verbunden und an den Korpussen befestigt, sägt man die Ausschnitte für Spüle und Kochmulde und baut die Elektrogeräte ein. Den Abschluß der Unterschränke zum Küchenfußboden bildet eine durchgehende Sockelblende, die mit Halterungen an den Korpusfüßen festgeklemmt wird.

einzigen Werkzeug montiert.

Die Unterschränke *sind zusammengebaut. Die Wasserwaage liegt bereit zum genauen Ausrichten an den Schrankfüßen.*

Die Einbauteile *sind auf der Arbeitsplatte zur Sichtkontrolle positioniert, die Ausschnitte werden nach Schablone angezeichnet.*

Vorbohren *muß man bei den Ausschnitten in jedem Fall, die Ecken müssen abgerundet sein, um einen sauberen Schnitt zu erhalten.*

Die Kochmulde *findet hier ihren Platz. Der Ausschnitt wird auch in diesem Bereich mit Silikondichtmasse versiegelt.*

Die Eckschränke *hängt man zuerst auf, danach werden die anderen Schränke an den Aufhängebeschlägen ausgerichtet.*

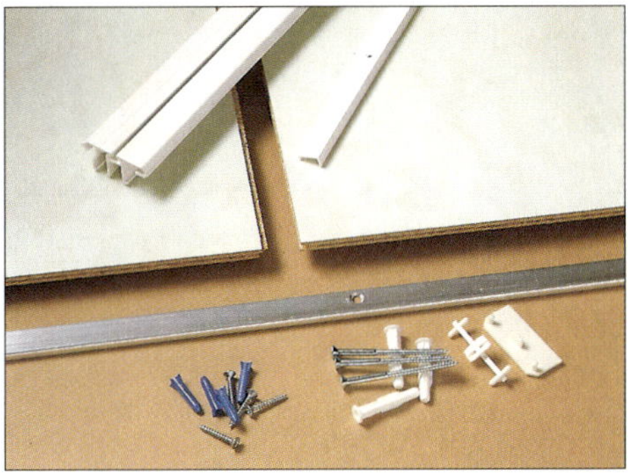

Die Wandpaneele *verdecken das alte Fliesenschild. Sie sind mit den Profilen einfacher anzubringen als ein neuer Fliesenbelag.*

Wandpaneele verdecken die alten Fliesen.

***Die Aluminiumschienen** haben zwei Aufgaben: Sie decken den Übergang Wand–Arbeitsfläche ab und nehmen die Paneele auf.*

***Die Profile** führen die Wandpaneele oben. Sie werden vor dem Anbringen der Oberschränke mit Dübeln und Schrauben befestigt.*

***Mit Holzleim** werden die einzelnen Paneele verbunden, nachdem sie eingehängt wurden. Sie bilden so eine geschlossene Fläche.*

Mit Aluschienen und Profilen

In den seltensten Fällen gefallen einem die alten Fliesen des Vorgängers. Meistens passen sie auch nicht zur neuen Kücheneinrichtung. Eine gute Alternative zur sehr arbeitsaufwendigen Erneuerung des Fliesenschildes sind Wandpaneele, die es passend zum Dekor der Arbeitsfläche gibt. Durch ihre geschlossene, einheitliche Oberfläche wirken die Wandflächen auch großzügiger als mit den kleinformatigen Fliesen. Nur zwei Profilschienen sind notwendig, um die Paneele über der Arbeitsfläche einhängen zu können. Die einzelnen Platten schiebt man unter das obere Profil, das vor dem Aufhängen der Oberschränke befestigt wurde, und setzt sie dann in das untere Profil. Zum Verbinden der Elemente, die an den Seiten Nut und Feder haben, nimmt man wasserfesten Holzleim. Die Stoßfugen in den Ecken dichtet man mit Silikon ab. Wasserdampf und Feuchtigkeit können dieser Fläche nichts anhaben. Zusätzlich können in der oberen Schiene Haken für Kochgeräte und Halter für Flaschen, Hauhaltspapier und andere Küchenutensilien eingehängt werden. Diese häufig benutzten Dinge sind dann immer griffbereit über der Arbeitsfläche untergebracht.

Eine Reihenhausküche –

An diesem hellen, freundlichen Arbeitsplatz mit Blick in den Garten wird das Vorbereiten und Kochen zum Vergnügen.

jeder Winkel wird genutzt.

Keine Küche von der Stange und doch mit Möbeln in Standardgrößen. Wer selbst einbaut, spart viel Geld und gewinnt zusätzlichen Stauraum.

Diese Küche wurde selbst geplant und beim Einzug in das neue Haus dann auch selber eingebaut. Die Möbel in Standardgrößen bekommt man auch über den Versandhandel oder in den Möbelabholmärkten. Teilweise bieten diese Märkte sogar eine Küchenplanung an, die man dann in Anspruch nehmen sollte. Man hat zwar meistens eigene Vorstellungen, doch man kauft eine Küche nicht jeden Tag.
Die Möbel sind in handlichen Kartons zusammengelegt, man kann sie meistens mit dem eigenen PKW transportieren. Das und vor allen Dingen der eigene Auf- und Einbau spart viel Geld. Wenn man die Aufbauanleitungen genau liest und beachtet, kann eigentlich nichts schiefgehen. Viel Werkzeug braucht man dazu nicht. Für die Elektro- und Wasseranschlüsse, die nicht jedermanns Sache sind, sollte besser der örtliche Handwerksmeister beauftragt werden.
Geld gespart werden kann auch beim Kauf der Elektrogeräte. Da man Planung, Transport und Aufbau selber vornimmt, kann man auch hier noch nach Schnäppchen Ausschau halten, man muß nicht alle Geräte beim gleichen Händler kaufen.
Ein großer Vorteil für die tägliche Arbeit in der Küche sind Einbauten, die man selber vornehmen kann und mit denen man jeden Winkel der Küche praktisch nutzen kann. Je mehr Schrank- und Stauraum vorhanden ist, desto leichter läßt sich Ordnung halten.

Ein **Glaskeramikkochfeld** wird in

Die Schablone für den Ausschnitt wird mit dem Kochfeld geliefert. Mit der Stichsäge und einem Spezialsägeblatt wird die Einbaufläche ausrißfrei ausgeschnitten.

Die Silikondichtmasse verhindert das Eindringen von Feuchtigkeit in die Ausschnittkanten der Arbeitsfläche. Ungeschützt könnte die Arbeitsfläche in diesem Bereich aufquellen.

Die Küche aus dem Karton

Der Zusammenbau der Schränke ist kaum mit Schwierigkeiten verbunden. Die Befestigungspunkte für die Beschläge sind vorgebohrt, so daß nicht angezeichnet werden muß. Meistens reicht als Werkzeug ein Sechskantschlüssel oder Kreuzschlitzschraubendreher. Mit einem Akkuschrauber und passenden Einsätzen geht es etwas leichter und schneller.
Sind die Schränke zusammengebaut, werden sie in der Küche aufgestellt und ausgerichtet. Die einzelnen Korpusse werden mit speziellen Schrauben verbunden, die mit den Möbeln geliefert werden. Auch die Bohrungen sind bereits vorgesehen. So stehen die Unterschränke nachher in einer Flucht.
Die Arbeitsplatte wird aufgelegt. Mit der Wasserwaage muß sie genau ausgerichtet werden. Höhenunterschiede werden an den verstellbaren Korpusfüßen ausgeglichen. Ist die Platte schräg, wird später beim Kochen das Fett in der Pfanne nach einer Seite laufen und in der Spüle Wasser stehenbleiben.
Bevor man sich den Oberschränken zuwendet, werden die Leitungen für die Küchenbeleuchtung auf der Wand verlegt. Durch die Schränke sind sie nachher verdeckt. Die Oberschränke werden an der Wand befestigt. Meistens haben die Hängebeschläge Einstellmöglichkeiten, die ein genaues Ausrichten vereinfachen. Bei der Planung der Oberschränke sollte man überlegen, ob die Schränke bis zur Decke reichen sollen. In 90 cm hohen Schränken kann man natürlich mehr unterbringen als in den üblichen 70 cm hohen. Für das obere Fach braucht man dann allerdings eine Leiter. Aber auch das ist kein Problem. Ein kleiner zusammenlegbarer Tritt

die Arbeitsfläche eingelassen.

kann gut in einer Sockelschublade untergebracht werden.
Ein großer Vorteil der eigenen Planung und des Selbsteinbaus ist die Möglichkeit, durch Eigenanfertigungen die Lücken und Ecken besser zu nutzen. Genau wie die Schrankkorpusse besteht das Baumaterial aus weiß beschichteter Spanplatte, fügt sich also gut in das Gesamtbild ein.
Bei der Auswahl der Griffe für die Schranktüren hat man alle Möglichkeiten. Hier wurden gelbe Griffe gewählt; zusammen mit den anderen gelben Küchenutensilien ergibt das ein einheitliches Bild. Sogar der Griff des Kühlschranks konnte durch einen gelben Griff ersetzt werden. Vor der Welle des als Licht- und Sichtschutz angebrachten Rollos wurde eine ebenfalls aus weiß beschichteter Spanplatte selbstgebaute Blende angebracht. Daran ist auch die größte Leuchte in der Küche befestigt. Die Kabel laufen in der Blende. Der Arbeitsplatz ist tagsüber wie auch abends gut ausgeleuchtet.

Durch die Ausschnitte wird die Arbeitsplatte instabil

Die ca. 4 cm dicke Arbeitsplatte hat ein hohes Gewicht. In dieser Küche wurde der Ausschnitt für die Spüle in der Plattenmitte vorgenommen. Es bleibt zur Vorder- und Hinterkante nur ein 5 cm breiter Materialstreifen. Hier kann die Platte durchbrechen, wenn beim Umdrehen und Hantieren nicht darauf geachtet wird, diesen Bereich zu unterstützen. Am besten bewegt man die Platte zu zweit.

Die Klammern, *die das Kochfeld in die umlaufende Dichtung ziehen, müssen fest angezogen werden. Die Platte kann bei diesen Arbeiten noch auf dem Kopf liegen.*

Der Wandanschluß *der Arbeitsplatte muß in diesem Falle nur mit Silikon abgedichtet werden. Kreppband begrenzt die Masse nach beiden Seiten, geglättet wird mit dem Finger.*

Mit diesen kleinen **Einbauten** wird jede

***Aluprofile** halten die Rundborde aus weißer Spanplatte. Der Kantenumleimer wird mit dem Bügeleisen aufgebracht. Für einen Schrank hätte dieses Wandstück nicht ausgereicht, durch den Eigenbau wird die Fläche trotzdem sinnvoll genutzt.*

***Haushaltsfolien** und Kunststoffbeutel auf Rollen können in diesem schmalen Regal untergebracht werden. Sogar das Kochbuch findet noch seinen Platz. Bei einer Normküche wäre hier nur eine Blende gewesen, der Platz wäre verschenkt.*

Lücke optimal genutzt.

Schubkästen statt einer Sockelblende bringen zusätzlichen Stauraum für Putzzeug, Konserven, Pfannen und viele andere Dinge. Die Rollen für diese Kästen werden seitlich angeschraubt, dadurch wird die Höhe der Kästen voll ausgenutzt.

Der Geschirrspüler ist nur 45 cm breit, nicht jeder Hersteller liefert Blenden in diesem Maß. Die Tür wurde verkleinert. Die mitgelieferten Beschläge zur Anbringung der Tür an die Maschinenklappe werden auf der Rückseite der Tür befestigt.

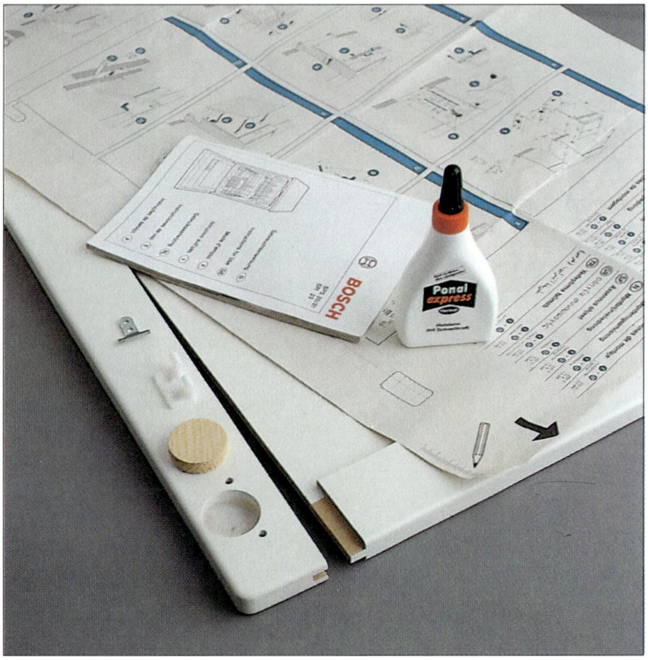

Ungewöhnliches Material:

Eigene Ideen und das für Küchenmöbel eher ungewöhnliche Material schufen hier eine Küche für besondere Ansprüche.

Eine ganz auf die eigenen Wünsche und die Bedürfnisse der Familie abgestimmte Traumküche bleibt häufig ein Traum. Die Kosten für diesen teuersten Raum des Hauses übersteigen das dafür angesetzte Budget. Aber unkonventionelle Ideen und die Bereitschaft, selber aktiv zu werden, können helfen, sich den Wunsch nach einer besonderen Küche zu erfüllen, ohne daß der Renovierungsetat überschritten werden muß. Außerdem entsteht hier eine Küche, die keine Kompromißlösung ist. Das Ergebnis der eigenen Handwerksarbeit kann mit jeder fertigen Küche konkurrieren.

Sie wirkt durch die gemauerten Seitenwände wie eine alte Herdstelle: die Kochinsel mit der Esse und dem integrierten Backofen.

die Küche aus Porenbeton

Ganz nach den eigenen Vorstellungen entstand diese gemauerte Küche mit viel Schrankraum und großzügigen Arbeitsflächen.

Im Dünnbettverfahren wird der Klebemörtel auf die Porenbeton-Bauplatten aufgetragen. Mit der Plankelle ist der gleichmäßige Auftrag des Mörtels ganz einfach.

Leichte Trennwände werden normalerweise aus diesen Steinen gebaut. Mit der Porenbetonsäge können die Planbausteine auf Maß zugeschnitten werden.

Die Bausteine werden gesägt.

Am Anfang steht der detaillierte Plan. Platzbedarf, Aufteilung der Korpusse und Anordnung im Raum müssen vor Beginn der Arbeiten genau festgelegt werden, denn einen Nachteil hat diese Bauweise: Die Korpusse können nicht mehr problemlos umgruppiert werden, wenn sie erst einmal stehen. Auch ein Höhenausgleich wie bei den normalen Küchenmöbeln ist nicht möglich.
Die speziellen Werkzeuge, die zum Be- und Verarbeiten der Planbausteine benötigt werden, sind an einer Hand aufgezählt. Zugeschnitten wird mit einem großen Fuchsschwanz, der eine besondere Zahnung hat. Einen Rührquirl und einen standfesten Eimer braucht man, um den Dünnbettmörtel anzurühren. Mit der Plankelle, die es für unterschiedliche Wanddicken gibt, wird der Mörtel gleichmäßig aufgetragen.
Wichtig ist beim Aufmauern der einzelnen Elemente, daß mit der Wasserwaage laufend kontrolliert wird, sowohl die senkrechten Korpuswände als auch der waagerechte Abschluß, auf dem später die Arbeitsfläche liegt. Durch die Maßhaltigkeit der Planbausteine und den dünnen Mörtelauftrag können bei sorgfältiger Arbeit keine Unebenheiten entstehen. Zum Zuschneiden der Steine gibt es einen Sägewinkel, der die Säge im rechten Winkel zusätzlich führt.
Ebenfalls im Dünnbettverfahren können die Fliesen mit einem hydraulisch erhärtenden Mörtel direkt auf die Porenbetonsteine geklebt werden. Hier wurden nur die Flächen in der Küche und am Eßtresen verfliest, zum Wohnzimmer hin werden die Stirn- und Seitenflächen gestrichen, um einen optischen Übergang zu schaffen.

Stein auf Stein gemauert.

Der Maurer ersetzt den Tischler. Die Trennwände für die Hochschränke werden hochgezogen. Hier entsteht die seitlich zugängliche Nische für Vorräte.

Eine Lage Planbausteine wird waagerecht auf die Tresenwand gemauert. So entsteht der Unterbau für den Eßtresen, der später mit einem Streifen Arbeitsplatte belegt wird.

Die Küche nimmt Gestalt an. Deutlich ist hier die Vorgehensweise zu erkennen. Mit der Wasserwaage müssen die Steine in der Senk- und Waagerechten ausgerichtet werden.

Die Korpusse der Schränke und die Wände der Kochinsel sind aufgemauert. Die Kochinsel hat die gleiche Höhe wie die umlaufende Arbeitsfläche.

Die Stirnseiten der Korpusse, die zum Wohnraum zeigen, werden nicht verfliest, sondern gestrichen. Die Kanten müssen deshalb mit einem Metallprofil geschützt werden.

Die Kantenprofile werden mit einer Blechschere auf die richtige Länge geschnitten und dann mit dem Dünnbettmörtel an die Außenkanten der Korpusse gedrückt.

Ein Eßtresen aus Stein

Für die Elektroeinbaugeräte werden Korpusse in den entsprechenden Standardabmessungen gebaut. Auch bei den übrigen Schränken sollte man sich an das Küchenrastermaß halten; wenn der Kühlschrank dann einmal einen anderen Platz bekommen soll, ist es kein Problem.
Die Inneneinrichtung der Schränke kann man aus Möbelbauplatten selber bauen. Diese Platten, die es in vielen Abmessungen gibt, sind an den Kanten bereits mit einem Umleimer versehen und müssen dann nur noch auf Länge zugeschnitten werden. Soweit es sich nicht um Schubladenelemente handelt, reichen für die Innenaufteilung Bordträger aus, denn der eigentliche Korpus steht ja bereits. Auch die Türen können aus sogenannten Postformingelementen angefertigt werden, die es in verschiedenen Breiten gibt. Das sind Spanplatten, deren Dekorschicht um zwei Kanten herumgezogen ist; auch hier müssen nur noch die Schnittkanten verkleidet werden (siehe Seite 60). Bei den Türen ist zu beachten, daß die Scharniere mit speziellen Porenbetondübeln befestigt werden müssen. (Übrigens wird häufig für Porenbeton der alte Begriff Gasbeton genannt, und es werden dann eben Gasbetondübel verkauft.)
Eine weitere Möglichkeit, diese Küche einzurichten, ist der Einbau von fertigen Schrankelementen, was zum Beispiel bei einem Schrankteil mit vielen Schubladen vorteilhaft ist. Hier sind manchmal die Beschläge, z. B. die Rollenauszüge, teurer als ein fertiger Schrank in einem Mitnahmemöbelmarkt, z. B. bei IKEA. Das sollte von Anfang an eingeplant werden, denn nach den Maßen müssen die Korpusse gebaut werden.

Die Korpusflächen, *die man nicht verfliest, müssen verputzt werden. Auf die übrigen Flächen können ohne Untergrundvorbehandlung Fliesen geklebt werden.*

Das Stichsägeblatt *sollte bei diesem Ausschnitt von oben eine nach unten weisende Zahnung haben, damit der Schnitt an der Oberfläche sauberer ist.*

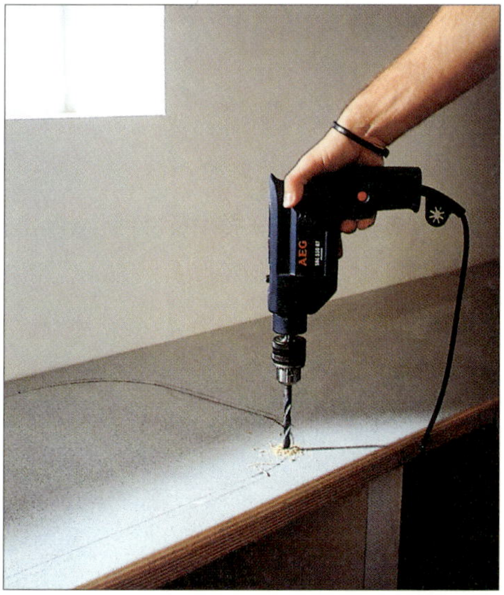

Der Spülenausschnitt *ist nach Schablone aufgezeichnet worden, die Eckpunkte werden mit einem 8-mm-Bohrer innerhalb des Ausschnitts vorgebohrt.*

Der Feinschliff *der zum Wohnraum weisenden Stirnseiten erfolgt mit dem Schwingschleifer. Sie werden mit wasser- und wischfester Farbe gestrichen.*

Vier praktische

Weinregal, Schneidebrett, Servierbrett und Stövchen aus der eigenen Werkstatt komplettieren die neue Küche.

Helfer für die neue Küche

Manchmal sind es die kleinen Dinge, die die tägliche Arbeit erleichtern. Wenn sie dann noch aus der eigenen Werkstatt kommen, benutzt man sie gern.

In der neuen Küche soll alles praktisch, hygienisch und vor allen Dingen leicht zu reinigen sein. Die Kunststoffoberflächen der Schränke und Arbeitsflächen zusammen mit dem Edelstahl der Spüle können leicht kalt wirken, wenn da nicht die vielen Kleinigkeiten wären, die dieses Bild auflockern. Auch naturbelassenes Holz paßt hier gut hinein.
Das Material, das für die vier kleinen Helfer eingesetzt wird, ist Multiplex und Leimholz. Multiplex wird aus vielen dünnen Holzschichten zusammengeleimt. Es wird in der Industrie und im Handwerk als Werkbank eingesetzt, ist also besonders hart, belastbar und kann sich nicht verziehen. Ideal also auch für ein Schneidebrett. Beim Leimholz werden schmale Holzleisten nebeneinander verleimt, so daß auch diese Platten nicht arbeiten und eine sehr interessante Maserung aufweisen können. Für die sichtbaren Flächen sucht man sich die besten Stücke aus. Ein weiterer Vorteil der Schneidebretter aus Holz gegenüber Kunststoffbrettern liegt darin, daß die Oberfläche leicht mit einem Schwingschleifer oder auch per Hand abgezogen werden kann. Gereinigt werden sie mit dem täglichen Abwasch, sie sind feuchtigkeitsunempfindlich.
Die Oberfläche des Stövchens und des Flaschenregals wird mit Holzwachs behandelt. Entweder wird das Wachs mit einem Tuch eingerieben oder ganz dünn mit dem Pinsel aufgetragen und nachpoliert.

Die Rundung wird mit der Stichsäge ausgeschnitten, nachdem die seitlichen Löcher für den Griff gebohrt wurden. Mit der Schleifwalze kommt man auch in die Rundungen.

Die Griffstange aus massivem Aluminium wird nach der Oberflächenbearbeitung mit dem Gummihammer vorsichtig in die Bohrlöcher getrieben, damit das Holz nicht aufplatzt.

Dem „Küchenhelfer" macht die Arbeit in der neuen Küche sichtlich Spaß.

Aluminium und Leimholz

Für dieses Schneidebrett braucht man nur das Reststück einer Leimholzplatte und einen massiven Aluminiumstab. Die Löcher an den Längskanten müssen senkrecht gebohrt werden, der Abstand zu den Kanten muß gleich sein. Am besten gelingt das mit einem Bohrständer. Nach dem Ausschneiden der Rundung werden die Kanten geschliffen. Das Eintreiben der massiven Aluminiumstange muß sehr vorsichtig geschehen, da das Holz im Bereich der Bohrungen leicht aufplatzen kann. Wird in die Bohrlöcher vorher wasserfester Holzleim gegeben, gleiten die Griffstangen beim Einschlagen besser, und die Löcher sind gegen eindringende Feuchtigkeit geschützt. Danach wird das Brett sehr fein endgeschliffen, denn je glatter die Oberfläche ist, desto einfacher das Reinigen des Bretts.

Die Bohrungen für die Flaschenhälse werden im Bohrständer mit einer Lochsäge (45 mm) aus der Leimholzplatte herausgesägt. Das Brett als Unterlage verhindert das Ausreißen.

Die Stützwand in Form eines gleichseitigen Dreiecks wird im Winkel von 60° auf die Grundplatte geschraubt. Die Schrauben unter der Grundplatte sind später nicht zu sehen.

Flaschen gut ausbalanciert

Das Geheimnis dieses freischwebenden Flaschenständers ist der Winkel von 60°, der ein Kippen des Regals sowohl im bestückten als auch im leeren Zustand verhindert. Dieser Winkel wird an der Verbindung Grundplatte–Trägerplatte und auch an der Stützwand eingehalten. Diese Schnitte gelingen am besten auf einer Tischkreissäge mit Schrägschnittverstellung und Winkelanschlag. An einem Reststück sollte der Winkel kontrolliert werden, es muß alles genau zusammenpassen. Das Flaschenregal wird mit wasserfestem Leim zusammengefügt. Die Oberfläche wird zum Schluß sehr fein geschliffen und nur mit offenporigem, farblosem Holzwachs behandelt, damit die lebhafte Maserung des Holzes erhalten bleibt. So entsteht ein Schmuckstück für die neue Küche.

Die Trägerplatte mit den Bohrungen für die Flaschenhälse wird mit der Stütze verdeckt verdübelt und verleimt. Danach wird die Oberfläche behandelt.

Gewindeschrauben werden in die Griffe fest eingedreht, die Schraubköpfe abgesägt. Dann werden die Griffe mit dem Gummihammer gleichmäßig in die Bohrungen getrieben.

Die Gummifüße, die unter die Platte geschraubt werden, verhindern ein Hin- und Herrutschen des Schneidebretts und geben beim Servieren einen festen Stand.

Zum Servieren und Schneiden

Das Brett wird auf der Kreissäge rechtwinklig zugeschnitten. Die Löcher für die Griffe müssen senkrecht in die Brettkanten gebohrt werden. Mit der Bohrmaschine im Ständer wird dafür aus einem Reststück eine Schablone angefertigt, dann hat man auch gleich den richtigen Lochabstand. Danach wird das Brett geschliffen, die Kanten werden angefast oder abgerundet. Die Griffe klopft man, abwechselnd rechts und links schlagend, mit dem Gummihammer in das Brett. Wenig wasserfester Holzleim in das Bohrloch gibt dem Griff einen noch besseren Halt und verhindert das Eindringen von Feuchtigkeit beim Reinigen.

Auf dem handlichen Servierbrett bringt der Helfer leckeres Pausenbrot.

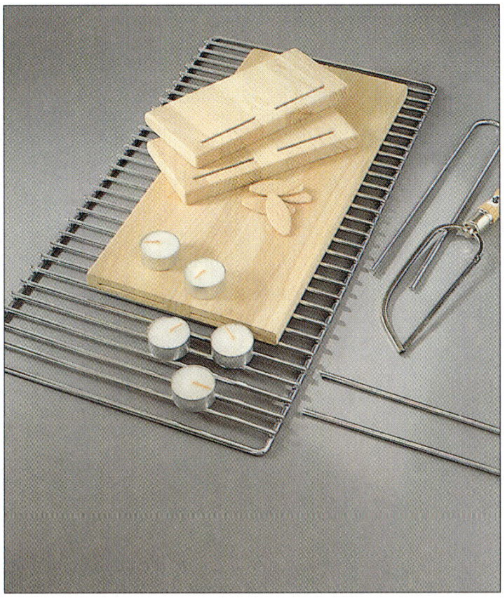

Ein Grillrost aus dem Kaufhaus und die Reste einer Leimholzplatte – mehr ist zum Bau dieses Stövchens nicht nötig. Die Griffe des Rostes werden mit der Pucksäge abgesägt.

Die Teelichter als Wärmequelle werden in die 5 Bohrungen mit 40 mm Durchmesser gesetzt, die entlang der Mittellinie senkrecht in die Grundplatte gebohrt werden.

Ein Grillrost wird zum Stövchen

Ein Stövchen ist manchmal zu klein und gibt mit einer Kerze nicht genug Wärme. Bei der elektrischen Warmhalteplatte stört das Kabel am Tisch. Dieses Stövchen kann man in jeder sinnvollen Größe bauen. Grillroste gibt es im Baumarkt oder im Kaufhaus verchromt oder in Edelstahl in vielen Größen. Ein Reststück Leimholz braucht man noch dazu. Die Bohrungen für die Teelichter sollte man genau senkrecht bohren, damit sie waagerecht stehen und das flüssige Kerzenwachs nicht ausläuft. Die beiden Teile des Untergestells werden mit Flach- oder Runddübeln an die Grundplatte geleimt. Das Grillrost wird mit verchromten Spiegelschrauben auf dem Untergestell befestigt. Zum Reinigen vom Kerzenruß kann der Rost nach Abdrehen der Schraubenköpfe jederzeit abgenommen werden.

Das Untergestell besteht aus zwei Streifen Leimholz, die an die Grundplatte geleimt werden. Darauf wird der Grill geschraubt. Die Schrauben haben verchromte Kappen.

Die Küchenarbeitsplatte:

Arbeitsplatten sollen nicht nur robust und pflegeleicht sein, sie sollen auch gut aussehen und zum Einrichtungsstil der Küche passen.

Material und Dekore

In diesem Schaufenster sind verschiedene Materialien und Dekore für die Arbeitsplatten zu sehen. Die Leimholzplatten bestehen aus einzelnen Stäben, die gegeneinander verleimt werden. Dadurch sind sie weitgehend verwindungsfrei. Am meisten werden die mit einer Kunststoffschicht versiegelten Spanplatten eingesetzt. Sie lassen sich sehr leicht selber verarbeiten, und die Auswahl an Dekoren ist fast unendlich. Selten bestehen Arbeitsplatten aus einem Stück. Hier werden auch die Verbindungselemente, Profile und Abschlußleisten gezeigt.

Die ideale **Arbeitsfläche** ist schön, robust,

Hier wird die Beanspruchung der Arbeitsplatten im alltäglichen Gebrauch deutlich.

Das richtige Material für die „Werkbank" in der Küche

Eine ideale, für alle Beanspruchungen gleichermaßen gut geeignete Arbeitsplatte gibt es nicht. Zum Zerteilen von Fleisch ist der stabile, standfeste Hackklotz am besten zu gebrauchen, auf einer glatten Marmorplatte läßt sich der Kuchenteig sehr gut ausrollen, und um die Spüle herum wäre Edelstahl die beste Lösung.
Die heute am meisten eingesetzten kunststoffbeschichteten Spanplatten (HPL) haben eine sehr stoß- und abriebfeste Oberfläche und sind leicht zu pflegen. Zum Schneiden sollte aber auf jeden Fall ein Brett untergelegt werden. Da es dieses Material in sehr vielen Dekoren gibt, kann man jedem Einrichtungsstil gerecht werden. Die Bearbeitung beim Selbsteinbau ist ziemlich problemlos.
Einfach zu verarbeiten sind auch Leimholzplatten z. B. aus Buche. Sie sind warm im Ton, haben eine lebendige Oberfläche und erhalten nach jahrelangem Gebrauch eine schöne Patina. Pflegeleicht sind diese Arbeitsflächen jedoch nicht. Die Behandlung mit Öl oder Wachs muß von Zeit zu Zeit wiederholt werden.
Aus Spanplatten, die mit einer dicken Schicht eines Gemisches aus Kunststoff und Mineralien überzogen sind (z. B. Corian), lassen sich nahtlos ineinandergehende Arbeitsplatten herstellen. Sogar die Spülbecken werden einbezogen. Leider sind diese Materialien sehr teuer und für den Selbsteinbau nicht gut geeignet. Das gleiche gilt für die verschiedenen Gesteinsarten wie Marmor und Granit. Auch Edelstahl läßt sich nur mit Spezialwerkzeugen verarbeiten.

***Maßarbeit** in der Küchenecke. Die Spüle wurde hier in das Eckelement einer Arbeitsplatte eingelassen. Die Teile der L-förmigen Arbeitsfläche wurden fugenlos verbunden.*

***Das Granitdekor** paßt sich sehr gut den grauen Unterschränken an. Eine glänzende Oberfläche ist aber empfindlicher gegen Kratzer als eine matte, strukturierte.*

***Das Holzdekor** setzt sich auch in der Abschlußleiste zur Wand fort. Für jedes Dekor gibt es passende Streifen, die in die Kunststoffleisten eingeschoben werden können.*

***Die Eckverbindungsleiste** aus Aluminium überbrückt die Fuge zwischen der gesägten Seitenkante und der abgerundeten Vorderkante der beiden Arbeitsplattenteile.*

Der Einbau einer

Die Arbeitsplatte nimmt optisch einen großen Raum in der Küche ein. Ihr Aussehen bestimmt den Gesamteindruck der Küche.

neuen Küchenarbeitsplatte

Die Arbeitsfläche ist die Werkbank in der Küche. Und sie wird auch entsprechend beansprucht. Irgendwann wird eine Erneuerung nötig.

Die Arbeitsfläche in der Küche hat einiges auszuhalten. Töpfe und Pfannen werden hin und her geschoben. Es wird geschnitten und geklopft. Die Oberfläche der Arbeitsplatte kann noch so stabil sein, nach einigen Jahren wird sie deutliche Gebrauchsspuren aufweisen. Da auf ihr die täglichen Mahlzeiten zubereitet und Lebensmittel abgelegt werden, ist der Wunsch nach einer sauberen, fehlerfreien Fläche nur zu verständlich.
Das Angebot an Arbeitsflächen verschiedener Materialien, Muster und Farben in den Baumärkten ist sehr groß. Es läßt sich für jeden Einrichtungsstil etwas finden. Dabei ist das Auswechseln mit nur wenigen Werkzeugen leicht zu bewerkstelligen. Die Arbeitsplatte soll die verschiedenen Schränke und Geräte möglichst großflächig und nahtlos überspannen. Obwohl es diese Platten in Längen bis zu 5 m gibt, läßt die Raumsituation das nicht immer zu. Spätestens wenn die Arbeitsfläche übereck fortgeführt werden muß, wird eine Stoßverbindung nötig sein. Wo diese Verbindung angesetzt wird, ist vorher zu überlegen. In dieser Küche wurde die Platte hinter dem Herd weitergeführt, was richtig ist. Wäre die Naht direkt an der Kochmulde, könnte die Plattenverbindung nicht richtig zusammengezogen werden, da der Ausschnitt die Platte instabil in diesem Bereich macht. Auch sollten Nähte nie dort liegen, wo mit viel Feuchtigkeit zu rechnen ist, also z. B. an der Spüle.

Eine handliche **Stichsäge** ist das wichtigste

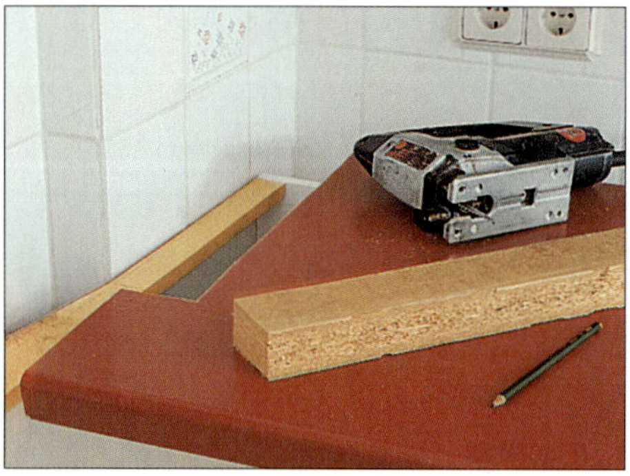

Die Arbeitsplatte *wird genau an den Wandverlauf angepaßt. Mauervorsprünge müssen mit der Stichsäge ausgeschnitten werden.*

Die Bohrungen *für die Aufnahme der Plattenverbinder müssen senkrecht mit einem Scharnierlochbohrer vorgenommen werden.*

Die Stege *der Bohrungen zu den Kanten der Arbeitsplatte hin werden mit einer Feinsäge aufgeschnitten, so daß eine Nut entsteht.*

Vorbohren und Ausschneiden

Wenn Küchenarbeitsflächen übereck zusammengeführt werden, stößt eine geschnittene Außenkante an die abgerundete Vorderkante der anderen Platte. Beim Selbsteinbau muß diese Naht mit einem Aluminiumprofil abgedeckt werden. Der Fachmann setzt an dieser Stelle einen Frässchnitt an beiden Platten, kann auf das Profil verzichten und erhält so eine Fläche, die nur durch eine sehr feine Naht unterbrochen ist. Die Fläche läßt sich besser reinigen und sieht geschlossener aus. Diesen Frässchnitt bieten inzwischen einige Baumärkte als Service an. Am besten, man erkundigt sich bei verschiedenen Anbietern.

Die Eckpunkte der Ausschnitte werden mit einem Holzbohrer (8 mm) vorgebohrt, und zwar an allen vier Eckpunkten. Damit erhält man nicht nur den Eintauchpunkt für die Stichsäge, sondern kann diese Ausschnitte später besser versiegeln. Beim Arbeiten mit der Stichsäge ist darauf zu achten, daß die Platte nicht schon beim Einbau verkratzt wird. Entweder einen Schutzschuh auf die Grundplatte schieben oder die Metallsohle mit Teppichklebeband abdecken. Für ausrißfreies Sägen von oben gibt es Stichsägeblätter, deren Zähne nach unten weisen. Langsamer Vorschub und scharfe Blätter ergeben einen sauberen, rechtwinkligen Schnitt. Die Schnittstellen werden zwar später abgedeckt, je sauberer sie jedoch sind, desto besser und nachhaltiger lassen sie sich mit Silikon gegen eindringende Feuchtigkeit schützen. Wenn man die Schnittstellen mit Klebeband abdeckt, gibt es noch weniger Ausriß. Man muß dann aber auch auf dem Klebeband anzeichnen. Kräftiges Packklebeband eignet sich am besten.

Werkzeug beim Einbau der Arbeitsplatte.

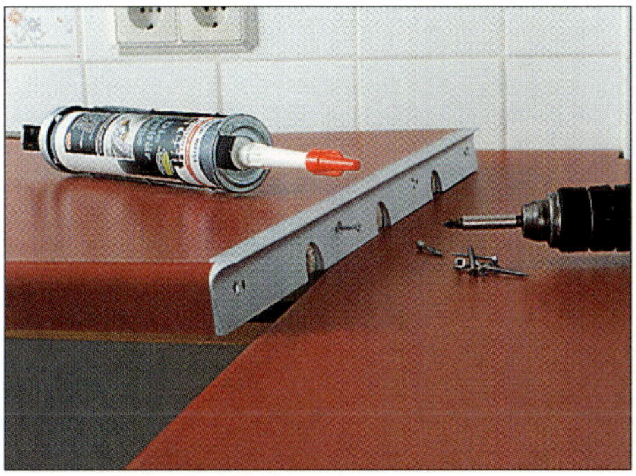

Das Verbindungsprofil *deckt den Übergang von der geschnittenen Kante zur Rundung der Vorderkante vollständig ab.*

Ausrisse *und Kratzer auf der neuen Arbeitsplatte werden vermieden, wenn die Schnittstellen mit Klebeband abgedeckt werden.*

Die Plattenverbinder *ziehen die beiden Teile der Arbeitsfläche, die aneinanderstoßen, fest zusammen. Man arbeitet von der Unterseite.*

Die Schnittstellen *an den Ausschnitten und Verbindungsstellen müssen immer mit Silikonkautschuk abgedichtet werden.*

Die Eckpunkte *der Ausschnitte werden markiert – genau messen! – und mit einem 8-mm-Holzbohrer vorgebohrt.*

Ein Spülmittelspender ist eine praktische Sache

Wenn schon eine neue Küchenarbeitsfläche eingebaut wird, sollte man dies auch für Verbesserungen in der täglichen Arbeit nutzen. Auf Knopfdruck fördert z. B. ein eingelassener Spender Spülmittel aus einem unterhalb der Platte eingebauten Tank direkt in die Spüle. Mit dem gleichen Bohrer, mit dem die Plattenverbinder gesetzt werden, wird dafür ein Loch in die Platte gebohrt.

Vor der Montage des Kochfeldes unbedingt die Sicherung herausdrehen. Es ist bei diesen Arbeiten vielleicht sinnvoll, den Elektriker zu Rate zu ziehen.

Saubere Schnitte und Silikondichtmasse gegen Feuchtigkeit

Die Schnittkanten der Ausschnitte werden oben mit einer Feile angefast, um eine splitterfreie Schnittkante zu erhalten. Jeder Ausschnitt muß mit Silikondichtmasse versiegelt werden. An den ungeschützten Kanten könnte sonst Feuchtigkeit einziehen, die zum Aufquellen der Arbeitsplatte in diesem Bereich führen würde. Silikondichtmasse bleibt elastisch und versiegelt zuverlässig.

Wird die Arbeitsfläche um Wandvorsprünge und auf der Wand laufende Rohre herumgeführt, schneidet man sich für diese Ausschnitte am besten eine Schablone aus Pappe. Nur so kann man das Maß genau abnehmen und auf die Arbeitsfläche übertragen.

Die Bohrungen für die Plattenverbinder und auch die Eckbohrungen für die Ausschnitte müssen exakt senkrecht ausgeführt werden. Ein kleines Stativ, in das die Bohrmaschine eingespannt wird, leistet hier gute Dienste. Der Scharnierlochbohrer sollte mit HM-Schneiden ausgerüstet sein. Das Material der Arbeitsplatte ist durch die Kunststoffbindung sehr hart. Ein normaler HSS-Bohrer würde sehr schnell ausglühen und stumpf werden.

Das Kochfeld und die Spüle müssen genau mittig in die Ausschnitte gesetzt werden, der Abstand zur Spanplatte muß ringsum gleich sein. Nur so ist eine gleichmäßige Dichtfläche gewährleistet. Bei der Kochmulde kommt noch hinzu, daß eine teilweise Überhitzung der Anschnittkante vermieden werden muß. Aus diesem Grunde müssen auch die Schnitte genau senkrecht geführt werden. Mit Klammern und Schrauben werden Spüle und Kochmulde fest in die umlaufende Dichtung gezogen.

Nachdem die Arbeitsfläche fest mit den Schrankkorpussen verbunden wurde, kann man mit den Abdichtungen zur Wand beginnen. Ist die Wand gerade und wurde genau gearbeitet, genügt als Abschluß zur Wand Silikondichtmasse. Wand und Arbeitsfläche werden in diesem Bereich mit Kreppband abgeklebt, die Fuge mit Dichtmasse ausgefüllt und mit dem feuchten Finger nachgeglättet.

Abschlußprofile gibt es passend zur Oberfläche der Arbeitsplatte. Die Halterungen werden auf der Platte mit Nägeln befestigt und die Profile federnd in diese Halterungen gedrückt. Für die Ecken und Enden gibt es spezielle Aufsätze und Abschlußkappen, die man zum Schluß aufsetzt.

Der Umleimer an den Außenseiten der Arbeitsfläche ist ebenfalls im Oberflächendekor zu erhalten. Er ist mit Schmelzkleber beschichtet und wird mit dem Bügeleisen bei schwacher Hitze aufgebracht. Hat er keine Kleberschicht, wird er mit Kontaktkleber aufgeleimt, der auf beiden Flächen aufgetragen wird. Die Kanten des Umleimers werden zuerst grob mit einer Feile und dann mit feinem Schleifpapier bündig geschliffen.

Mit Holzschrauben werden die Schrankkorpusse mit der Arbeitsfläche fest verbunden. Vorher muß die Fläche richtig aufliegen.

Die Schnittkanten an der Außenseite der Arbeitsplatte werden mit einem passenden Umleimer verkleidet.

Den Anschluß zur Wand verschließt man entweder mit Silikondichtmasse oder mit einem zur Arbeitsfläche passenden Abschlußprofil.

Küchenrenovierung – drei

Türfronten und Fliesen entsprechen nicht mehr dem heutigen Geschmack. Deswegen muß es nicht gleich eine ganz neue Küche sein.

Die Küche ist der teuerste Raum im Haus. Herd, Kühlschrank, Geschirrspüler und dazu noch die Einbaumöbel gehen ins Geld. Eine komplett neue Küche muß da manchmal für lange Zeit Wunschtraum bleiben. Und eigentlich sind die Schränke und die technischen Geräte auch noch funktionsfähig und müßten nicht unbedingt erneuert werden. Außerdem haben sie sich in der täglichen Arbeit als praktisch erwiesen.
Wie man das Aussehen der Küche mit preiswerten Mitteln und Eigeninitiative auf den neuesten Stand bringen kann, wird hier in drei unterschiedlich aufwendigen Lösungen gezeigt.

Technisch einwandfrei, entsprach das Aussehen der Küche nicht mehr den Ansprüchen. Drei Lösungen werden gezeigt.

Lösungen

Ein preiswerter Weg zu einer neuen Küche. Die alten Fliesen wurden mit Aluminium verkleidet, die Fronten mit PVC beklebt.

Farbige, selbstklebende **Folie**

Eine sehr preiswerte Lösung – die neue Küche von der Rolle

Sicherlich ist die preiswerteste Lösung, die hier vorgeschlagen wird, nicht für die Ewigkeit gedacht. Bis sich nach dem Umzug oder gar dem Kauf einer Wohnung die finanzielle Lage wieder entspannt hat, kann man die Küche mit wenig Aufwand auf diese Weise wohnlich gestalten.
Die Auswahl an Mustern und Farben bei selbstklebenden Folien ist sehr groß, der eigenen Kreativität sind hier keine Grenzen gesetzt. Bei dieser Küche wurde ein Terrazzodessin gewählt. Farbakzente setzen die Streifen aus blauer Folie an den Oberschränken und den Schubladen. Und wenn die Küche wieder in ihren Urzustand zurückversetzt werden muß, läßt sich die Folie nach dem Erwärmen mit einem Heißluftgerät wieder abziehen.
Die Türen der Schränke können auch farbig gestrichen werden. Es gibt spezielle Farben für Anstriche auf Kunststoffoberflächen bzw. Zusätze zu den normalen Lackfarben. Anders als eine Folie ist die Farbe aber nicht wieder zu entfernen, was bei einer Mietwohnung zu bedenken ist.
Die geprägte Folie für die Wandverkleidung, die einem Fliesenbelag täuschend ähnlich sieht, läßt sich so leicht verarbeiten wie Tapeten. Und sie ist feuchtigkeitsunempfindlich und einfach zu pflegen.

gibt der alten Küche ein neues Gesicht.

Die Folie *wird mit 2 cm Überstand für Türen und Blenden zugeschnitten. Ein Raster auf der Schutzfolie vereinfacht das Zuschneiden.*

Das Schutzpapier *wird nur zum Teil abgezogen, die Folie wird angelegt. Stück für Stück wird die Folie mit einem Tuch angedrückt.*

Die Kanten *werden mit einem scharfen Messer schräg beschnitten. Es darf kein Rand stehenbleiben. Die Folie fest anreiben.*

Der Wandbelag *aus einer geprägten Kunststoffolie wird mit einem Cuttermesser an einer Metallschiene zugeschnitten.*

Dispersionskleber *ist gut geeignet, wenn alte Fliesen verkleidet werden. Bei saugenden Untergründen reicht Spezialtapetenkleister.*

Ein Lackanstrich *für die Türen ist ebenfalls eine preiswerte Alternative. Die Untergründe müssen gereinigt und angeschliffen werden.*

Zweckentfremdet wurde der PVC-Bodenbelag zur Gestaltung der Küchenfronten.

PVC mit Glitzereffekt an der Wand und auf dem Fußboden

Eine „neue“ Küche an einem Wochenende und für nur DM 400,–? In diesem Beispiel wird gezeigt, wie das möglich ist.
Das Material für die Küchenfronten ist etwas ungewöhnlich. PVC-Bodenbelag gibt es mit vielen verschiedenen grafischen Mustern, als Fliesen und Holzimitation und in allen nur erdenklichen Farben. Der Belag mit dem Glitzereffekt ist etwas teurer, ca. DM 25,– pro Quadratmeter. Bei der geringen Fläche der Schranktüren bleibt diese Lösung immer noch sehr preiswert. Das Material paßt sehr gut zu den Aluminiumgriffleisten der Türen, die nicht ausgewechselt werden.

Die Türen müssen vor dem Verkleiden gut gereinigt und entfettet werden. Verwendet wird ein transparenter Kontaktkleber. Nach dem Ablüften zieht dieser Kleber sofort an, wenn die Flächen aufeinandergelegt werden. Langwieriges Pressen entfällt, lediglich mit der Andrückrolle werden die Flächen kurzzeitig zusammengepreßt. Statt der Andrückrolle kann man auch eine Flasche nehmen, die auf der Fläche unter Druck hin und her gerollt wird. Sehr wichtig ist das saubere Beschneiden der Kanten.
Die Schränke und Geräte in der Küche bleiben unverändert.

einfach auf die Türen geklebt.

Zugeschnitten wird der PVC-Belag für die Türen mit einer stabilen Schere. 2 cm muß das Material rundum überstehen.

Der Kleber wird mit einem sehr fein gezahnten Spachtel auf beide Kontaktflächen aufgetragen. Den Kleber ablüften lassen.

Der Zuschnitt wird an der Türkante ausgerichtet. Damit der Kontaktkleber nicht gleich anzieht, Papier oder Leisten unterlegen.

Die Andrückrolle dient zum Pressen der Kontaktflächen, nachdem der Belag auf der Tür ausgerichtet und leicht angedrückt wurde.

Die Kanten werden mit einem Cuttermesser abgewinkelt beschnitten, damit der Belag nach innen abgeschrägt wird.

Der Glitzereffekt im PVC-Belag paßt gut zur Aluminiumwandverkleidung.

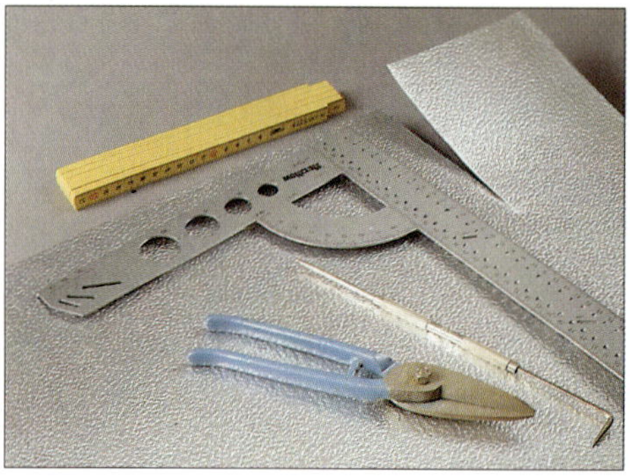

Aluminium kann mit der Blechschere oder der Kreissäge mit HM-Blatt zugeschnitten werden. Angezeichnet wird mit der Reißnadel.

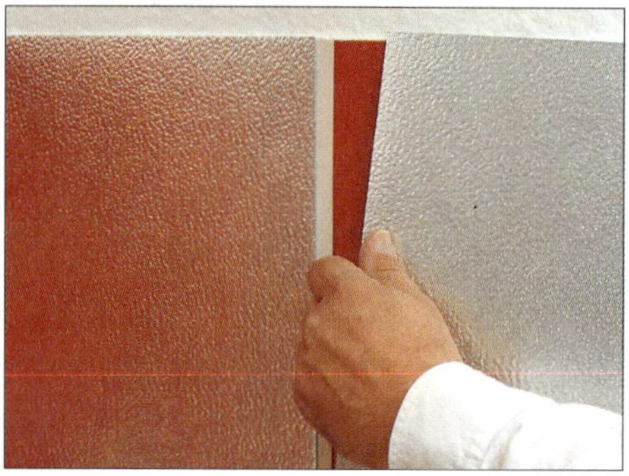

Die Stoßkanten der Platten werden mit Montageband unterlegt, damit sie genau auf der Naht festen Halt haben.

Ecken werden gleichmäßig über eine scharfe Kante gebogen. Ausschnitte für die Steckdosen werden mit der Blechschere geschnitten.

Aluminium als Wandbelag

Die Fliesen zwischen den Oberschränken und der Arbeitsfläche werden mit strukturierten Aluminiumplatten verkleidet. Es gibt sie im Baumarkt als Platten von 100 × 60 cm oder 100 × 30 cm mit unterschiedlichen Strukturen in Alu-, Messing- oder Bronzefarben. Durch die Struktur der Oberfläche sind Plattenstöße nachher kaum zu erkennen. Die Oberfläche der Platten ist vergütet, so daß sie sich im täglichen Gebrauch leicht abwischen und reinigen lassen.
Beim Zuschneiden mit der Kreissäge legt man Holzplattenreste unter, um ein Flattern des sehr dünnen Materials beim Sägen zu vermeiden.
Befestigt werden diese Metallpaneele mit doppelseitigem Montageband. Teppichklebeband würde auf Dauer nicht halten. Damit der Kleber haften kann, muß der Fliesenbelag vorher entfettet werden.
Die Enden der Paneele werden beim Übergang zur Arbeitsfläche hinter den Sockelleisten verborgen.

Die Aluminiumgriffleisten an Türen und Schubladen werden nicht verkleidet.

die Küche sieht trotzdem aus wie neu.

Neue Türen, Lichtblenden und Wandpaneele. Nur die Schrankkorpusse sind geblieben.

Neue Schranktüren aus einem vielseitigen Baukastensystem

Wenn sich auch bei der Küchentechnik und im Aussehen der Küchen in den letzten zwanzig Jahren viel verändert hat, sind die Einbaumaße der Geräte gleichgeblieben. Auch das Rastermaß der Küchenschränke findet man heute noch in den Katalogen. Diesem Umstand haben zwei Firmen (Westag & Getalit und Robbi) Rechnung getragen und bieten Renovierungssysteme an. Türfronten und Arbeitsplatten in verschiedenen Dekoren, Korbsysteme für die Innenaufteilung und moderne Beschläge werden angeboten. Die Türelemente gibt es in den gängigen Breiten und in Längen bis 204 cm. Die Außenkanten sind beschichtet und abgerundet, die Türen müssen nur auf Länge zugeschnitten werden.

Das Höhenmaß der alten Türen wird übernommen. Die neuen Türen werden mit der Kreissäge und Führungsschiene zugesägt.

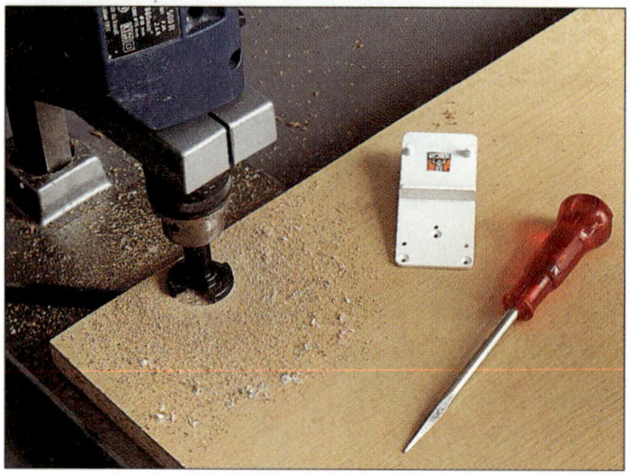

Bohrungen für die Topfscharniere werden mit einem Scharnierlochbohrer und mit Hilfe einer Schablone gesetzt.

Die Schnittkanten von Türen und Blenden werden mit einem Abdeckprofil verkleidet, das auf die Kanten geklebt wird.

Zwölf Dekore zur Auswahl

Für die Schranktüren werden zur Zeit 12 verschiedene Dekore angeboten. Eine Auswahl dieser Dekore ist auf der vorhergehenden Seite zu sehen.
Die Schnittkanten werden mit Profilen verkleidet, so daß Ausrisse im Schnitt verdeckt werden. Trotzdem sollte die später sichtbare Seite unten liegen, dann wird der Schnitt noch sauberer.
Zum Anbringen der Griffe, die es auch in großer Auswahl für dieses System gibt, fertigt man sich eine Schablone. Die Griffe sitzen dann immer im gleichen Abstand zu den Außenkanten.
Die Paneele sind mit Nut und Feder gearbeitet und werden nach dem Einhängen verleimt. So kann keine Feuchtigkeit zwischen Wand und Paneel dringen. Es ergibt sich eine Wandfläche ohne Naht.
Häufig haben die alten Küchenschränke noch keine Auszüge. Auch dafür bietet das System Auszugskörbe in vielen Abmessungen, die in die Korpusse eingebaut werden. Kleine Körbe können an den Schranktüren innen befestigt werden.

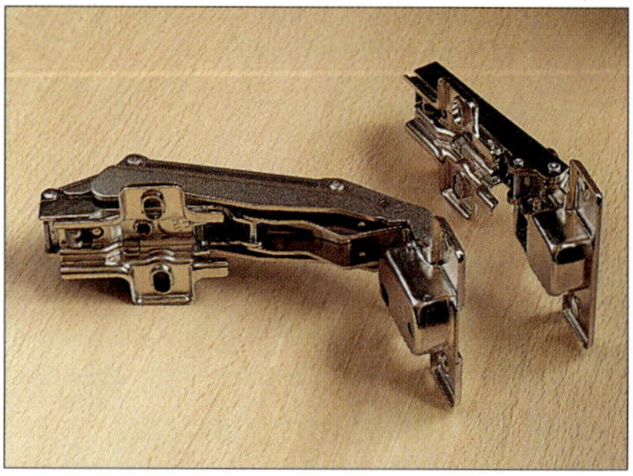

Topfscharniere gibt es mit zwei Öffnungswinkeln, 110° für normale Türen, 170° für Türen, die sehr weit aufschlagen sollen.

wird die Küche wohnlich gestaltet.

Die Topfscharniere *werden an der alten Stelle im Schrank befestigt, so daß keine Schraubstellen der alten Türen zu sehen sind.*

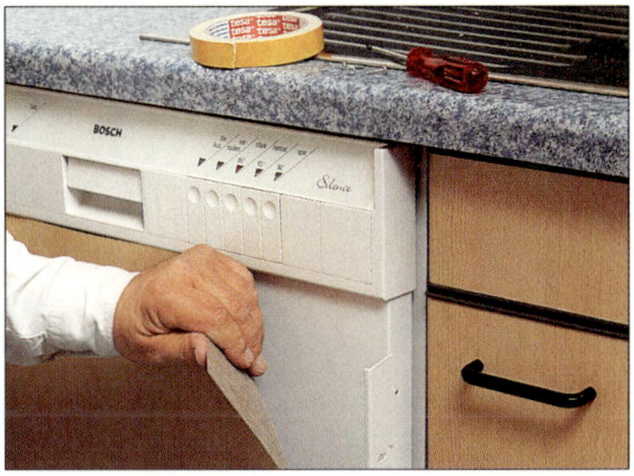

Laminatplatten *mit dem Dekor der Türen werden zum Verkleiden der Elektrogeräte mit einem Dekorrahmen an der Front befestigt.*

Profilleisten *werden mit Schrauben und Dübeln an der Wand befestigt. Sie nehmen die Wandpaneele verdeckt auf.*

Die Wandpaneele *werden oben in die Halterung geschoben und unten aufgesetzt. Seitlich werden sie gegeneinander verleimt.*

Die Abschlußfuge *zwischen den Paneelen und der Arbeitsfläche wird mit dauerelastischer Fugenmasse verschlossen.*

Halogenleuchten *geben gutes Licht. Sie werden in einen Arbeitsplattenstreifen montiert, der ein Dach über den Schränken bildet.*

Ein vielseitiges Regal

für das Mikrowellengerät

Das häufig benutzte Mikrowellengerät wurde hier in Griff- und Sichthöhe raumsparend an der Wand untergebracht.

Bei der Planung der Küche war eine Mikrowelle noch nicht vorgesehen. Durch dieses Regal wurde das Problem platzsparend gelöst.

Es gibt viele gute Gründe für eine Mikrowelle. Kleine Zwischenmahlzeiten können schnell, energiesparend und vitaminschonend zubereitet werden. Tiefkühlkost wird in kurzer Zeit aufgetaut. Während das Hauptgericht im Backofen gart, können Vorspeisen und Beilagen in der Mikrowelle zubereitet werden.
Leider ist bei der Küchenplanung nicht immer ein Platz vorgesehen worden. Auf der Arbeitsfläche würde das Gerät stören. Der Schrankplatz wird für Geschirr und Vorräte benötigt. Dieses Regal über dem kleinen Frühstücksplatz in der Küche löst das Problem nicht nur, sondern bietet auch noch Platz für das Küchenradio, eine zusätzliche Steckdosenleiste und den kleinen Handstaubsauger. Und der Toaster steht jetzt auch immer griffbereit.

In Sichthöhe steht die **Mikrowelle** in dem

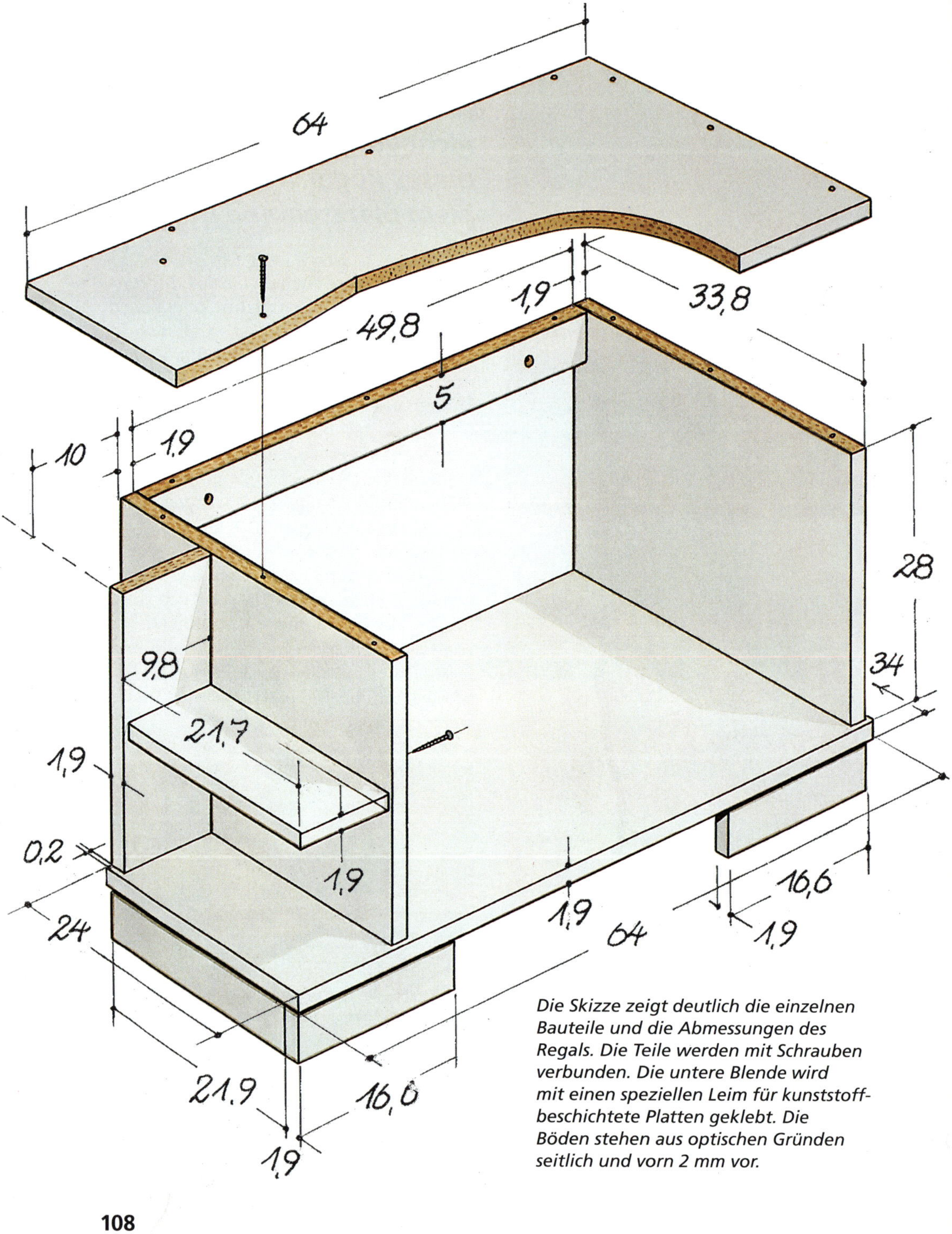

Die Skizze zeigt deutlich die einzelnen Bauteile und die Abmessungen des Regals. Die Teile werden mit Schrauben verbunden. Die untere Blende wird mit einen speziellen Leim für kunststoffbeschichtete Platten geklebt. Die Böden stehen aus optischen Gründen seitlich und vorn 2 mm vor.

praktischen, platzsparenden Regal.

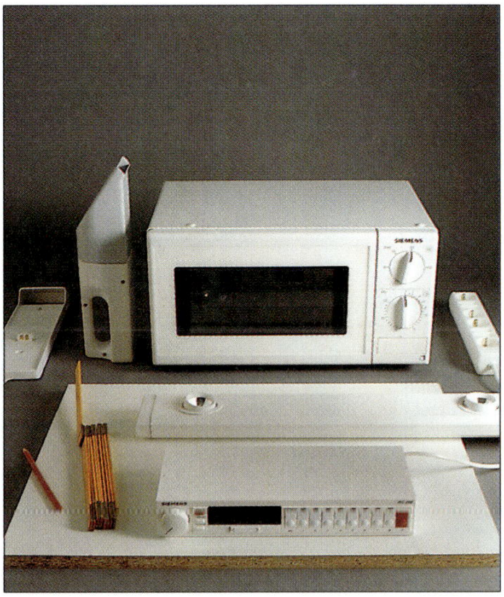

Maßarbeit *ist schon der Entwurf des Regals. Alle Teile, die untergebracht werden sollen, stehen bereit und werden so angeordnet, wie sie später im Regal untergebracht werden.*

Die Böden *werden vorgebohrt für die Verbindung mit den Seitenteilen. Der untere Boden wird für den Staubsauger ausgeklinkt. Die Schraubköpfe müssen versenkt werden.*

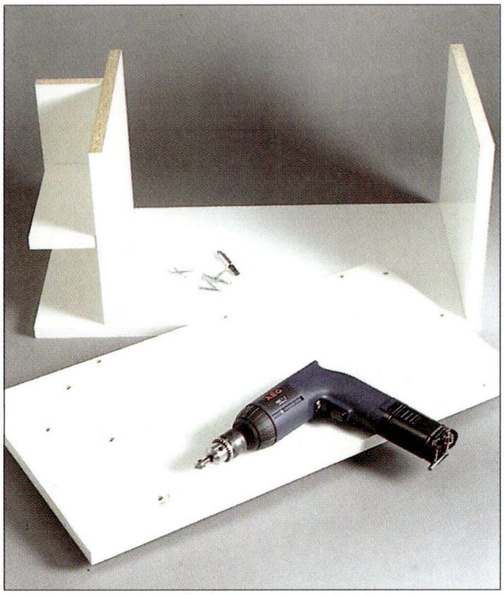

Das Gewürzbord *wird als erstes mit der Rückwand und den Seiten zusammengebaut. Dann werden die beiden Böden mit den Seitenteilen verschraubt.*

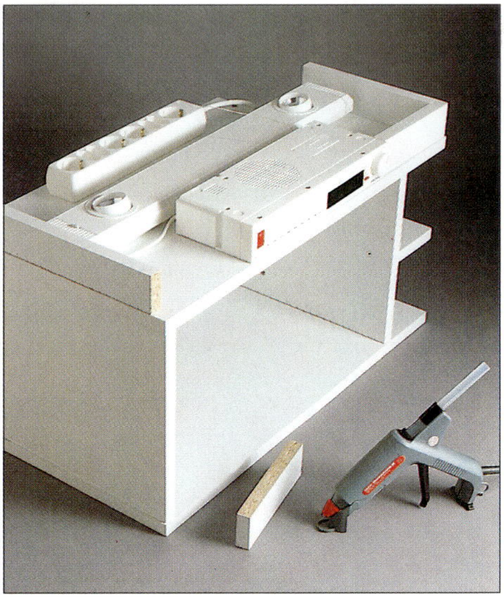

Zum Schluß *werden Radio, Lichtleiste, Steckdosen und die Halterung für den Staubsauger angeschraubt. Das Regal wird an dem auf der Rückseite eingesetzten Streifen aufgehängt.*

Energie sparen mit

HAUSHALT	1 Person	2 Personen	3 Personen	4 Personen
Streichen Sie bitte die Geräte, die Sie nicht in Ihrem Haushalt haben:				
Herd, Backofen	220 kWh	410 kWh	470 kWh	600 kWh
Waschmaschine	90 kWh	170 kWh	250 kWh	320 kWh
Wäschetrockner	140 kWh	240 kWh	350 kWh	470 kWh
Geschirrspülmaschine	150 kWh	220 kWh	320 kWh	390 kWh
Warmwasserbereitung	720 kWh	1080 kWh	1450 kWh	1830 kWh
Kühlschrank	300 kWh	350 kWh	370 kWh	410 kWh
Gefriergerät	320 kWh	380 kWh	440 kWh	440 kWh
Fernsehgerät	120 kWh	150 kWh	190 kWh	200 kWh
Beleuchtung	230 kWh	340 kWh	400 kWh	470 kWh
Kleingeräte	260 kWh	450 kWh	630 kWh	690 kWh
Ermitteln Sie den Jahresstromverbrauch entsprechend Ihrer Geräteausstattung	.... kWh	.... kWh	.... kWh	.... kWh
Zum Vergleich können Sie hier Ihren persönlichen Jahresstromverbrauch der letzten Jahresabrechnung eintragen.	.... kWh	.... kWh	.... kWh	.... kWh

modernen Elektrogeräten

Die neuen Haushaltsgeräte sind nicht nur praktischer und einfacher zu bedienen. Ganz wesentlich können sie dazu beitragen, teure Energie einzusparen.

Die Umwelt durch sorgsamen Umgang mit Energie, Wasser und Rohstoffen zu entlasten ist heute für viele Menschen selbstverständlich geworden. Die eigene Haushaltskasse kann durch die niedrigeren Strom-, Gas- und Wasserrechnungen erheblich entlastet werden. Schon bei der Herstellung der neuen Geräte wird auf die Umweltverträglichkeit geachtet. Kühl- und Gefrierschränke sind FCKW-frei, die Waschmaschinen und Geschirrspüler kommen mit weniger Reinigungsmittel aus und verbrauchen weniger Wasser.
Die Energieversorgungsunternehmen bieten in ihren Beratungszentren Hilfe bei der Auswahl der Geräte an. Dabei wird nicht allein der Energie- und Wasserverbrauch entscheidend sein, sondern auch die Größe des Gerätes. Ein moderner Gefrierschrank z. B. kann noch so ökologisch arbeiten, er wird nie wirtschaftlich sein, wenn er zu groß ist.
Für kleinere Haushalte gibt es inzwischen neben den Standardgeräten auch schmalere Herde, Kühlgeräte und Geschirrspüler. Damit läßt sich nicht nur die Küchenfläche besser ausnutzen. Für einen Zweipersonenhaushalt reicht z. B. ein 45 cm breiter Geschirrspüler vollkommen aus, und er arbeitet ökonomischer.
Die Tabelle zeigt Anhaltswerte für den Energieverbrauch. Ein Vergleich mit dem tatsächlichen Stromverbrauch gibt Aufschluß über die Wirtschaftlichkeit der eigenen Haushaltsgeräte.

Waschmaschine

Wasser- und Stromverbrauch sind die Hauptkriterien beim Kauf einer Waschmaschine. Aber auch der Waschmittelverbrauch ist wichtig. Die modernen Geräte nutzen die Wassermenge besser durch speziell geformte Trommeln. Weniger Wasser bedeutet auch weniger Strom zum Aufheizen des Wassers. Es gibt Maschinen, die nur so viel Wasser anfordern, wie für die Wäschemenge und deren Saugfähigkeit erforderlich ist. Energiesparprogramm und eine Einstellung für kleine Mengen nur leicht verschmutzter Wäsche sollte jede Waschmaschine haben.

Wäschetrockner

Wo immer es möglich ist, sollte ein Ablufttrockner gewählt werden. Die Luft wird angesaugt, zum Trocknen erhitzt und in die Trommel geleitet. Nach dem Trocknen wird die Luft nach außen abgeführt. Es wird weniger Energie verbraucht als beim Kondensatortrockner. Hier wird die Luft in einem geschlossenen Kreislauf bewegt. Sie nimmt in der Trommel die Feuchtigkeit auf, wird an der Raumluft abgekühlt, und das Kondenswasser läuft in einen Behälter, der geleert werden muß. Bei einigen Geräten wird das Kondenswasser direkt abgeleitet.

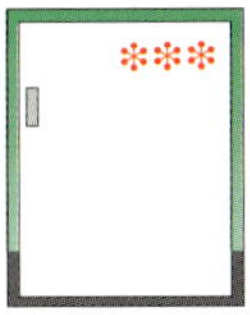

Kühlschrank

Die modernen Kühlschränke arbeiten in ihrem Kühlmittelkreislauf ohne FCKW. Die verwendeten Kältemittel sind ozonunschädlich. Auch bei der Isolierung wird zum Aufschäumen kein FCKW mehr verwendet. Es gibt eine EG-Richtlinie, die den Energieverbrauch kennzeichnet. Danach werden die Geräte in die Klassen A bis G eingruppiert. A steht für den niedrigsten Verbrauch, G für den höchsten. Die Ausstellungsgeräte sollten so gekennzeichnet sein. Strom läßt sich auch durch die Einstellung des Geräts sparen. Die richtige Temperatur ist 7°.

Umweltfreundlich, strom- und wassersparend

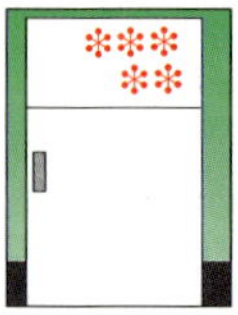

Gefrierschrank

Die umweltfreundlichen Gefrierschränke kommen ohne FCKW als Kältemittel und bei der Isolierung aus. Um auch bei diesen Geräten Energie zu sparen, sollte die Größe des Gefrierschranks auf die Bedürfnisse abgestimmt sein. Je voller der Schrank, desto günstiger ist der Stromverbrauch. Für den Stadthaushalt ohne Garten rechnet man 60 bis 80 l Nutzinhalt pro Person, für den Landhaushalt von 100 bis 130 l. Die Umgebungstemperatur spielt eine Rolle, die Geräte sind in Klimaklassen aufgeteilt. Für die Aufstellung in der Küche ist die Klasse N oder SN geeignet.

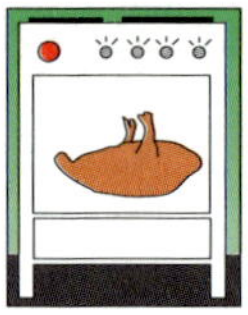

Elektroherd

Beim Kochen und Backen kann man selber sehr viel zu einem günstigeren Energieverbrauch beitragen. Kochtöpfe und Pfannen sollten genau der Größe der Kochplatte entsprechen und einen planen, wärmespeichernden Boden haben. Die Kochplatte kann frühzeitig heruntergeschaltet werden, um die Restwärme auszunutzen. Der Backofen sollte nicht für Kleinigkeiten eingeschaltet werden. Es gibt aber auch bei den Herden Geräte, die durch besondere Isolierungen im Backraum, an der Tür und durch Backraumteiler weniger Energie verbrauchen.

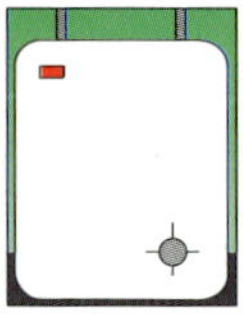

Warmwasserbereiter

Optimal ist eine zentrale Warmwasserversorgung über eine Warmwasserwärmepumpe, die die Wärme der Raumluft zur Warmwasserbereitung mit ausnutzt. Sie verbraucht zwei Drittel weniger Energie. Wenn Küche und Bad Wand an Wand liegen, wird man eine zentrale Wasserversorgung z. B. über die Heizungsanlage installieren. Sind die Wege zwischen den Zapfstellen größer, kann es günstiger sein, einen Kleinspeicher oder Durchlauferhitzer in der Küche zu installieren um einen ungünstig langen Kaltwasservorlauf zu vermeiden.

Geschirrspülmaschine

Niedrige Wasser- und Stromverbrauchswerte haben dazu geführt, daß das Spülen im Geschirrspüler gegenüber dem Spülen von Hand Energie und Wasser spart. Allerdings nur, wenn das Geschirr nicht vorgespült wird. Auch hier gibt es inzwischen Geräte, die für den kleinen Haushalt sinnvoll und ökonomisch sind. Der Spülmittel- und Salzverbrauch wurde wesentlich verringert.
Grundsätzlich sollte der Geschirrspüler voll beladen sein, um wirklich wirtschaftlich zu spülen. Es gibt aber auch hier Geräte, die ein Programm für kleine Mengen haben

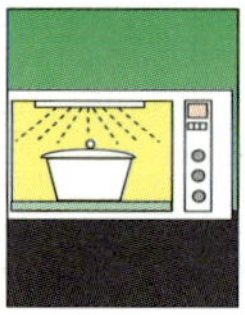

Mikrowellengerät

Schnelles, schonendes Garen, rasches Auftauen und Erwärmen in der Mikrowelle erleichtern das Kochen. Und für kleine Portionen braucht man wesentlich weniger Energie als im Backofen oder auf dem Herd. Es gibt Mikrowellengeräte als Einzelgerät oder in Kombination mit dem Backofen. Die Kombination beansprucht weniger Platz in der Küche. Außerdem kann die Beheizungsart im Herd kombiniert werden, so daß die Garzeiten verkürzt werden können. Einzelgeräte sollten in Griff- und Sichthöhe, z. B. unter einem Oberschrank, angebracht werden.

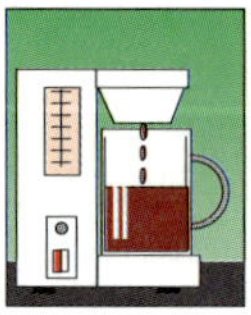

Kleingeräte

Bei dieser Gerätegruppe kann am meisten Energie gespart werden, wenn man vor der Anschaffung überlegt, ob sie überhaupt gebraucht werden. Diese Frage kann nur jeder für sich entscheiden, und die meisten werden auf die Kaffemaschine, den Toaster und den Mixer nicht verzichten wollen. In einen energiebewußten Haushalt gehören nur Geräte, die auch benutzt werden, denn auch die Herstellung verbraucht Energie und Rohstoffe. Häufig kostet die Pflege der Geräte mehr Zeit, als sie einsparen sollen. Und wertvoller Schrankplatz geht auch verloren.

AEG
12 VOLT
POWERPACK
AEG
Total
geladen!
Die neuen AEG Akku-Bohrschrauber BS2E 12 T und BS2E 9.6 T mit Mittelhandgriff überzeugen sowohl in Leistung als auch in der Ausstattung. Mit Hochleistungs-elektronik, QUICKSTOP-Motor-bremse, 7stufiger Drehmoment-vorwahl, synchronisiertem Zweigang-Planetengetriebe, Schnellspannbohrfutter und vielem mehr...
12 VOLT
POWERPACK
12 MONATE GARANTIE
GÜLTIG AB DEM 01.10.1995 KAUFDATUM
Jetzt zum Einführungspreis incl. zweitem Wechselakku und 1-h-Impuls-Ladegerät
AEG – Werkzeug erster Klasse.

Das Original aus dem

In einem Haus vor den Toren der Stadt steht dieser 80 Jahre alte Küchenschrank. Er wurde liebevoll restauriert und verbindet jetzt den Wohnbereich mit der offenen Küche.

Anfang des Jahrhunderts

Wie sehr sich unsere Ansprüche an eine Küche gewandelt haben, sieht man an diesem alten Küchenschrank. Damals tat er sicher gute Dienste.

In einer modernen Küche ist dieser alte Vitrinenschrank heute kaum noch denkbar. Mit dem Einzug der Technik in den Haushalt haben sich auch die Anforderungen an die Einrichtungen geändert. Viele Küchen in den Neubauwohnungen haben auch gar nicht genug Platz, um so einen Einzelschrank stellen zu können.
Der Wunsch, die Küche wieder wohnlicher zu gestalten, sie in angrenzende Wohnbereiche übergehen zu lassen, ist aber unverkennbar. Man sehe sich nur die Küchen kataloge der Hersteller aus den letzten Jahren an. Die Küche wandelt sich wieder vom reinen Kochlabor hin zu einem wohnlichen Raum. Und da hat „Omas alter Küchenschrank" zumindest als Ergänzung wieder eine Bedeutung.
Selbst wenn man das Glück hat, einen alten Schrank irgendwo zu einem angemessenen Preis zu bekommen oder in der Familie ein solches Erbstück vorhanden ist, ist es ein mühevolles Unterfangen, es zu restaurieren. Farbschichten müssen entfernt werden, Beschläge sind zu reparieren, und Teile sind neu zu verleimen. Da ist es wirklich einfacher, so einen Schrank nach einem alten Vorbild neu zu bauen. Es ist ein anspruchsvolles Vorhaben für Selbermacher, aber dank der Maschinen, die heute vielen zur Verfügung stehen, ist auch das zu schaffen. Und genau wie alte Erbstücke über den praktischen Nutzen hinaus eine persönliche Bedeutung haben, wird sie auch dieser Schrank dann haben.

Ein alter **Vitrinenschrank** wird mit der

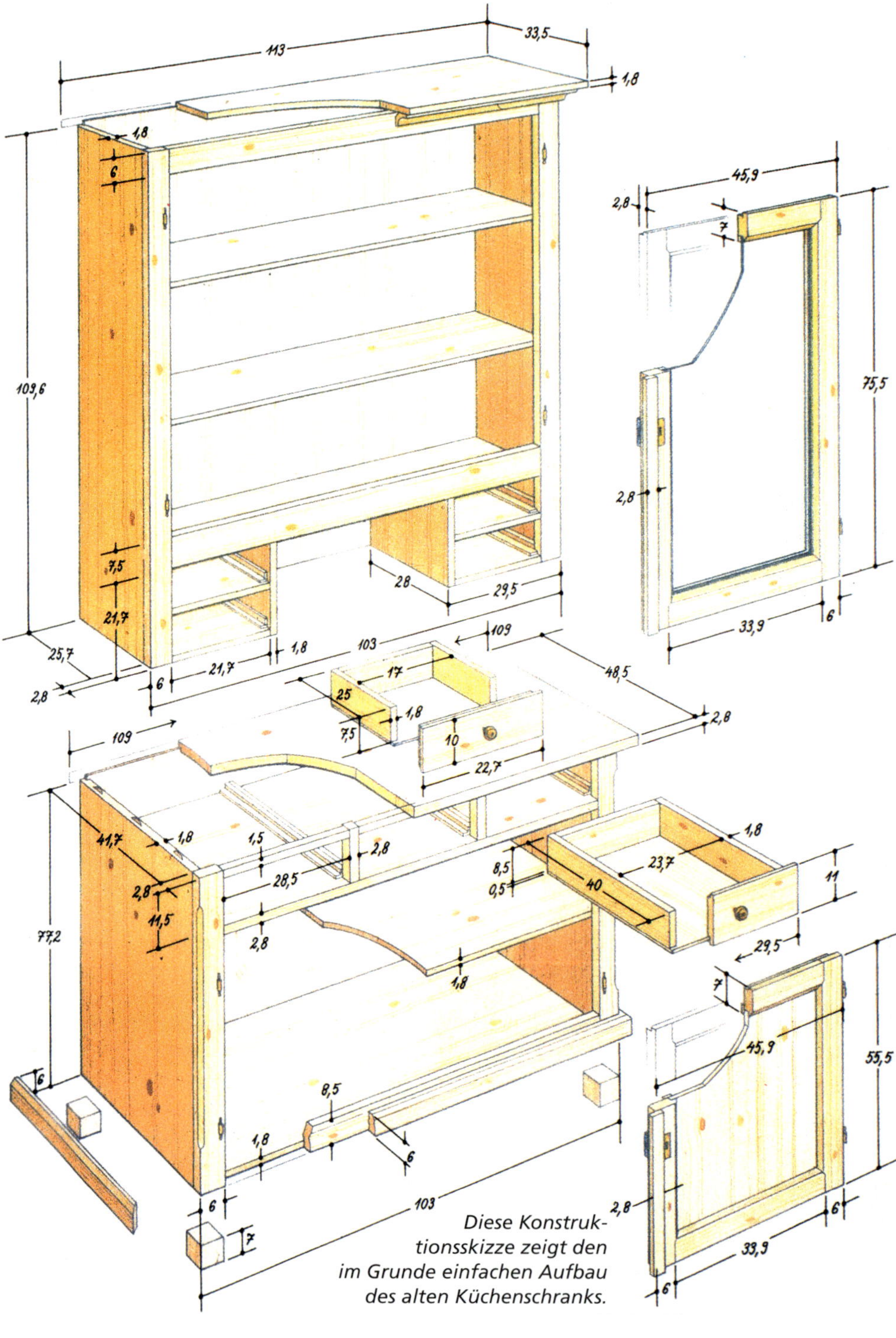

Diese Konstruktionsskizze zeigt den im Grunde einfachen Aufbau des alten Küchenschranks.

Mit Kreissäge und Oberfräse

Das Material für diesen Schrank bekommt man in fast jedem Baumarkt. Kiefernleimholzplatten der Stärken 18 und 28 mm, Kiefernleisten, Konstruktionsholz und Sperrholz. Beschläge im alten Stil gehören auch dazu. Die Scheiben für die Vitrinentüren schneidet jeder Glaser zu.
Für die Verzierungen am Schrankkorpus und an den Türen wird eine Oberfräse gebraucht. Die Teile müssen genau zugeschnitten werden. Eine Handkreissäge mit einem Zusatztisch oder besser noch eine Tischkreissäge mit präzisen Anschlägen sind ideale Geräte. Mit der Bohrmaschine können die Holzdübel gesetzt werden. Eine Flachdübelfräse (Lamello-System) erleichtert die Arbeit. Diese Verbindungen können, anders als Dübelverbindungen, vor dem Ableimen noch seitlich korrigiert werden. Es gibt sie auch als Zusatzgerät für normale Einhandwinkelschleifer.
Den Anschlag für das Ablängen der Türrahmenhölzer stellt man selber her. Sinnvoll sind noch Dübelhilfen für das punktgenaue Setzen der Dübelverbindungen.

Die Außenkanten der vorgeleimten Leisten erhalten eine Verzierung, die mit einem Hohlkehlfräser gefräst wird.

Der Deckel des Oberschranks steht an den Seiten um 5 cm über. Als Kranzprofil wird eine Hohlkehlleiste daruntergesetzt.

Die Seitenwände werden an der Hinterkante für die Rückwand gefälzt. Entweder mit der Oberfräse oder der Kreissäge.

Zum Verleimen bei diesem Unterschrank werden lange Schraubzwingen gebraucht. Es geht auch mit starken Spanngurten.

Die Rahmenstücke der Kassettentüren werden auf der Kreissäge zugeschnitten. Auch die Ausklinkung kann man vorbereiten.

Die senkrechten und waagerechten Bauteile der Tür werden mit Dübeln verleimt. Dübelhilfen erleichtern das Markieren der Bohrung.

Wie beim Schreinermeister

Der Schrank wurde in den Proportionen, die seinen Reiz ja auch im wesentlichen ausmachen, genau nachgebaut. Bei den Schubladen wurde auf die zwar sehr haltbare, aber nicht einfach herzustellende Verzinkung verzichtet. Sie werden stumpf mit Dübeln zusammengeleimt.
Als erstes erhalten die Bauteile für den Ober- und Unterschrank eine Falzung für die Rückwände. Die Werkstücke der Kassettentüren werden zur Innenseite hin vor dem Zusammenbau mit einem Falz versehen, der Glasscheiben und Türfüllungen aufnimmt. Auch die 45°-Fase zur Füllung wird vor dem Zusammenbau gefräst oder auf Gehrung geschnitten. Die Anschlagfalze werden nach dem Zusammenbau gefräst. Die Fronten der Schubkästen werden, anders als beim Vorbild, mit einem Falz versehen. Die Tür oben und unten rechts erhält eine Anschlagleiste, die den Türspalt abdeckt. Nach dem Zusammenleimen des Korpus werden die Oberflächen behandelt und die Messingbeschläge gesetzt.

Die Falze der Türfüllung werden vor dem Verleimen herausgearbeitet, die Anschlagfalze an den fertig verleimten Türen.

Die Glasscheiben der Kassettentüren werden mit Glasleisten fixiert. Sie werden ohne Leim mit Stiften in den Falz gesetzt.

Material für diesen alten Schrank.

Der Vitrinenschrank ist fast fertig. Die Türen werden mit Ziereinbohrbändern eingehängt. Da die vorgesetzten Leisten nur 18 mm stark sind, müssen die Zapfen der Einbohrbänder gekürzt werden. Hier erkennt man noch einmal deutlich die Elemente des Schranks.

Die Türfüllung *der Unterschränke aus 18 mm Leimholz* werden auf der Rückseite ebenfalls mit Leisten und Nägeln befestigt.*

Falzleisten *werden zur Führung der Schubladen in die Ecken der Schubkastenfächer gesetzt und mit Schrauben fixiert.*

Ein gemütlicher

Schlicht und leicht wirkt dieser Eßtisch mit dem hellen Buchenholzfurnier. Was in ihm steckt, sieht man erst, wenn die Beine ausgeklappt und die Zusatzplatten aufgelegt sind. Bis zu 10 Personen finden an diesem 1,20, 1,80 oder 2,40 m langen Tisch Platz. Und man kann ihn selber bauen.

Eßplatz mit Ausbaureserve

Manchmal kann der Eßtisch nicht groß genug sein, wenn Freunde und Familie zum gemeinsamen Essen eingeladen sind.

Ein Eßtisch braucht viel Platz. Für einen Sitzplatz muß man 65 cm in der Breite und 100 cm Abstand zur Wand rechnen, damit man gemütlich essen kann und auch nachher noch in geselliger Runde zusammensitzen mag. Die Tischbreite von 80 cm ist ausreichend, um Teller und Schüsseln abstellen zu können. Die Familie kommt meistens mit einem Tisch für 4 bis 6 Personen aus. Wenn die Freunde kommen, kann es eng werden. Nicht so mit diesem Ausziehtisch, der eigentlich ein Ausklapptisch ist. Und weil er selbst gebaut ist, konnte die Durchreiche zur Küche aus dem gleichen Material gefertigt werden.

Buchenfurniertes **Multiplex** gibt dem Tisch

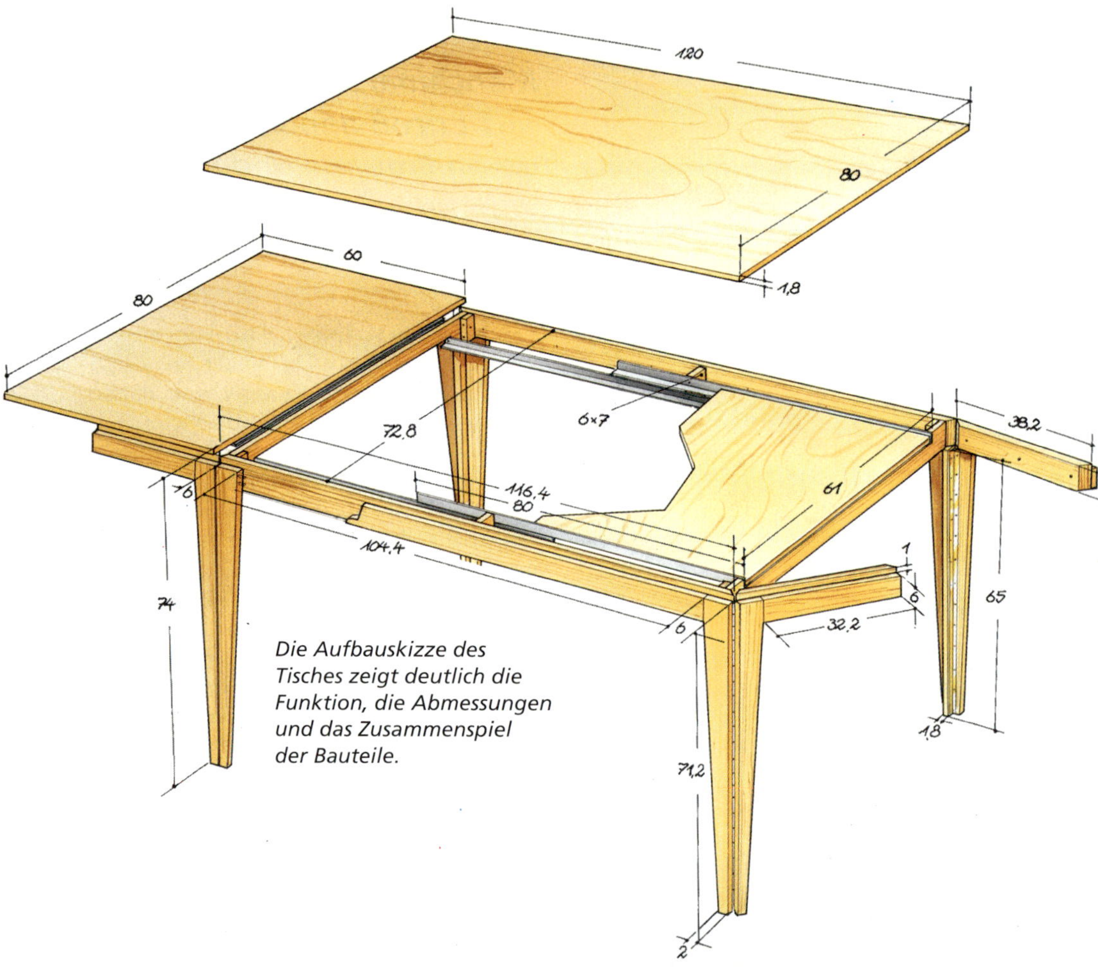

Die Aufbauskizze des Tisches zeigt deutlich die Funktion, die Abmessungen und das Zusammenspiel der Bauteile.

Die Tischbeine werden konisch mit einer Lehre zugeschnitten, die am Parallelanschlag der Tischkreissäge geführt wird.

Die Zargenteile werden auf Gehrung zusammengesetzt. Der Handschutz der Säge wurde nur für das Foto abgenommen.

die Stabilität und Leichtigkeit.

Designerstück aus Holz

Die fast zierliche Form dieses Tisches wurde durch die Verwendung eines besonderen Materials möglich. Multiplexplatten sind dicke, viellagige Furniersperrhölzer. Sie werden wegen ihrer großen Festigkeit u. a. im Fahrzeugbau und als Werkbankplatten verwendet. Die hohe Festigkeit und Formbeständigkeit machte es auch möglich, für Tischplatten, Beine und Konsolen dünneres Material zu verwenden. Das gibt dem Tisch sein besonders leichtes Aussehen. Die Zusatzplatten liegen sicher und ohne zu wackeln auf den ausklappbaren Beinen.
Ein weiterer Vorteil dieses Materials liegt darin, daß die Kanten nicht umleimt werden müssen. Die Struktur der aufeinandergeleimten Furnierschichten unterstreicht die Natürlichkeit des Materials. Nach dem Feinschliff können Oberfläche und Kanten mit einem farblosen Lack oder mit offenporigem Holzwachs behandelt werden. Das läßt die Maserung des leicht rötlichen Buchenholzes besonders schön hervortreten.

Die Beinteile, die zur Vergrößerung des Tisches ausgeklappt werden, müssen im rechten Winkel verschraubt und verleimt werden.

Die Seitenzargen werden miteinander und mit dem feststehenden Beinteil verleimt. Die Tischplatte wird am Innenstreifen befestigt.

Die Schattenfuge entsteht durch die Unterschiedliche Breite der Bauteile für die Längszarge. Sie gibt dem Tisch optisch Leichtigkeit.

Die Zargenteile mit dem Ausschnitt für die Zusatzplatten werden an der Tischplatte und an der Längszarge befestigt.

Die Zusatzplatten können im Tisch auf den an der Längszarge angebrachten Aluminiumschienen übereinanderlaufen.

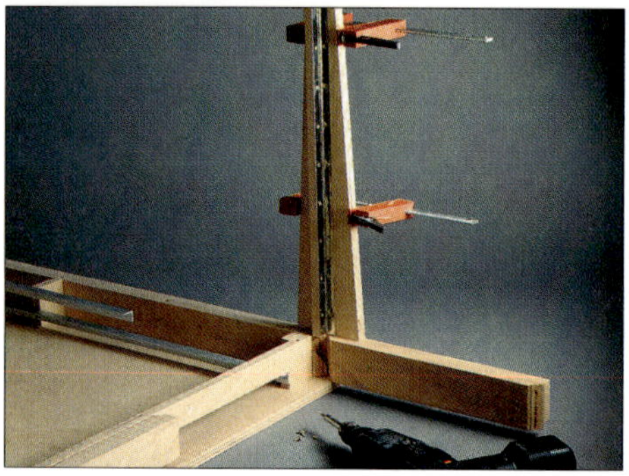

Klavierband (Stangenscharnier) verbindet die beiden Beinteile, die rechtwinklig zusammengeklappt werden können.

Ein Aluminiumstreifen an beiden Zusatzplatten greift unter die feste Tischplatte und verhindert so das Überkippen.

Die Furnierrichtung ist wichtig

Beim Kauf des Materials sollte man auf ein fehlerfreies Deckfurnier achten. Die großen Teile, das sind bei diesem Tisch die Platte und die beiden Zusatzplatten, läßt man sich am besten zuschneiden, da die Schnitte mit den großen Plattensägen meistens sauberer werden. Die Furnierrichtung ist wichtig. Es sieht nicht gut aus, wenn beim ausgezogenen Tisch das Furnier der Zusatzplatten anders läuft als auf der Tischplatte. Die Furnierrichtung ist auch beim Zuschneiden der Zargen und Beine wichtig.
Da die Kanten nur geschliffen werden, müssen die Sägeschnitte sehr sauber sein. Eine Tischkreissäge mit einem hartmetallbestückten Blatt ist für diese Arbeiten notwendig. Bei jedem Zuschnitt muß man genau überlegen, welche Seite nachher nach oben kommt.
Die umlaufende Zarge des Tisches besteht aus einem doppelten Rahmen. An den Schmalseiten ist nur der innere Teil des Rahmens an der Tischplatte befestigt, der äußere ist geteilt und wird mit den Beinen als tragende Konsole herausgeklappt.
Geführt werden die Zusatzplatten im Tisch auf Aluminiumwinkelschienen. Es sind also zum Bau des Tisches keine Fräsarbeiten notwendig. Das Abkippen der Erweiterungsplatten wird auch durch Aluminiumschienen verhindert, die unter die Tischplatte greifen.
Damit alle Beine auch wirklich gleichmäßig werden, wird zum Zuschneiden der Werkstücke eine Lehre angefertigt, die immer den gleichen Winkel gewährleistet. Die Gehrungen müssen genau stimmen, da sonst die Konsolbeine nicht bündig eingeklappt werden können.

Eine Durchreiche verkürzt die Arbeitswege von der Küche ins Eßzimmer. Bei dieser stört keine aufklappende Tür, wenn die Öffnung zur Küche aufgeschoben wird. Die Ablage schafft zusätzlichen Platz, wenn es auf dem Eßtisch zu eng wird.

***Die Kugelgleiter** an der Wand dienen als Abstandshalter. Die Schiebetür der Durchreiche läuft nur oben in einer Führung.*

***Die Ösen** an Wand und Schiebetür sind fest eingeschraubt und ausgerichtet, bevor die verchromte Eisenstange eingeschoben wird.*

Eine Schiebetür für die Durchreiche – einfach und raumsparend

Das Prinzip ist ganz einfach. Eine verchromte Eisenstange, ein paar Schraubösen, Splinte und ein wenig handwerkliches Geschick sind nötig, um diese Schiebetür zu bauen und zu montieren. Das Material ist das gleiche, aus dem der Eßtisch und das Ablagebord gebaut wurden: buchefurniertes Multiplex. Die Tür läuft auf der Eisenstange, die mit Ösen waagerecht an der Wand aufgehängt wird. Zwei Bohrungen sind für die Splinte notwendig, die die Stange arretieren. Damit die Tür nicht auf der Tapete scheuert, werden Kugelgleiter an der Wand befestigt. Zwei Ösen, die in die Kanten der Holzplatte gebohrt werden, tragen die Tür.

Stichwortregister

A
Abfallsystem 30
Ablaufarmatur 36f
Abschlußleisten 87
Abschlußprofil 95
Abtropffläche 29ff
Aluminiumwandverkleidung 102
Arbeitshöhe 20
Arbeitslicht 38ff
Arbeitsplatte, 50, 70, 86ff, 90f
Armaturen 28ff, 34ff
Aufbau einer Küche 46ff
Ausmessen der Küche 19
Auszüge 55
B
Backofen 23, 24
Besteckschubladen 54
C
Corian 45, 88
D
Dekore 88ff
Dekorplatte 25
Durchreiche 12, 124f
E
Eckschrank 48
Eckverbindungsleiste 89
Edelstahl 43f
Edelstahlkochmulde 23
Edelstahlspritzschutz 9
Edelstahlspüle 29ff
Einbaugeräte 22ff
Einbauleuchten 40
Elektroanschlüsse 16
Energie sparen 110ff
Eßplatz 120ff
Eßtresen 77f
F
Flaschenregal 81, 83
Fliesen 45
Fliesenschild 6, 42ff, 44
Furniersperrhölzer 123
Fußboden 42f, 45
G
Gaskochfeld 23
Gefrierschrank 25, 112
gemauerte Küche 74ff
Geräteventil 34, 35
Geruchsverschluß 36f
Geschirrkarussel 49, 55
Geschirrspüler 26
Glaskeramikkochfeld 22ff
Großgeräte 22ff
H
Halogenkochfeld 23
Halogenleuchten 9, 40, 105
Hausgeräte 23
Heißluft 24
Hochdruckarmatur 28
HPL-Platten 44, 88
I
Induktionskochfeld 23
Innenaufteilung 54, 103
Installationszeile 16
K
Kleingeräte 112
Kochfeld 22ff, 94f
Kochinsel 8,74
Kochplatten 23
Kondensationstrockner 27
Küchenfronten, renovieren 100f
Kücheninsel 8, 14, 74
Küchenplanung 18ff
Küchenrenovierung 96ff
Kühlschrank 24f
L
Laminatböden 45
Laminatplatten 105
Leimholz 43, 53, 81, 82, 85, 87f
Licht 38ff
Linoleum 45

M
Materialien 42ff
MDF-Platten 44
Metallpaneele 102
Mikrowelle 24, 112, 106
Mischbatterie 28, 32ff
Mülltrennung 28
Multiplex 43, 81, 84, 122f
N
Niederdruckarmatur 28
O
offene Regale 14
P
Porenbeton 74ff
Postformingelemente 44, 78
PVC 45, 100f
R
Restebecken 30ff
S
Schlauchanschluß 36f
Schneidebrett 30, 80f
Schrankkorpusse 21
Schranktüren 60ff, 103f
selbstklebende Folie 98f
Silikondichtmasse 51, 93, 94
Sockelblenden 20, 48
Sockelschubladen 20
Spanplatte 43
Sperrholz 43
Spülbecken 28ff
Spüleneinbau 95
Spültischbatterie 35
Standardmaße 18
Stövchen 80ff
Stromverbrauch 110
T
Tauchrohr 36f
Tischlerplatte 43
Trockner 27
Türfronten 103f
U
unterbaufähige Geräte ***22ff***
Unterschränke ***48, 64***
V
Verbindungsprofil 87, 93
versenkbare Mischbatterie 33
Vitrinenschrank 114ff
Vollwaschtrockner 27
W
Wandpaneele 50, 65f, 105
Warmwasserbereiter 28, 112
Wäschetrockner 111
Waschmaschine 27, 111
Wasserablauf 36f
Wasseranschlüsse 34ff
Wrasenabzug 12
Z
Zweigriffmischbatterie 32

Fotografen: Ariadne Ahrens, Seite 57–61, 90–95, 117–119; Blanco, Seite 28–33, 44/45; Bosch, Seite 22–27; G. Caspersen, Seite 110; Hebel, Seite 74–79; IKEA, Seite 6–11, 13/14, 42/43, 54/55; René Lauert, Seite 43, 86; Ferdinand Graf Luckner, Seite 121, 125; Marco Moog, Seite 34/35, 39–41, 70/71; Osram, Seite 38; Freddy Peterburs, Seite 16, 20; Petra Stange, Seite 36/37, 45–53, 62–66, 68/69, 72/73, 80–85, 96–109, 114, 120, 122–124; Westag & Getalit, Seite 44, 88/89.
Zeichnungen: Hugo Lobeck, Seite 111/112; Thorsten Meyer, Seite 16–21; Jochen Pape Seite 41, 108, 116; Tillmann Straszburger, Seite 34–37, 122.

rororo

selber machen

Die Bücher, mit denen das Schaffen zu Hause mehr Spaß macht.